Langwald

Gott mit neuen Namen nennen

Marie-Luise Langwald

Gott mit neuen Namen nennen

Texte zum Nachdenken und Vorbeten

Schwabenverlag

VERLAGSGRUPPE PATMOS

PATMOS
ESCHBACH
GRÜNEWALD
THORBECKE
SCHWABEN
VER SACRUM

Die Verlagsgruppe
mit Sinn für das Leben

Die Verlagsgruppe Patmos ist sich ihrer Verantwortung gegenüber unserer Umwelt bewusst. Wir folgen dem Prinzip der Nachhaltigkeit und streben den Einklang von wirtschaftlicher Entwicklung, sozialer Sicherheit und Erhaltung unserer natürlichen Lebensgrundlagen an. Näheres zur Nachhaltigkeitsstrategie der Verlagsgruppe Patmos auf unserer Website www.verlagsgruppe-patmos.de/nachhaltig-gut-leben

Verlagsgruppe Patmos in der Schwabenverlag AG, Ostfildern
www.schwabenverlag-online.de

Umschlaggestaltung: Finken & Bumiller
Umschlagabbildung: girl with red hat / unsplash
Satz: Schwabenverlag AG, Ostfildern
Druck: GGP Media GmbH, Pößneck
Hergestellt in Deutschland
ISBN 978-3-7966-1863-5

Inhalt

4 – Gottesnamen in Menschennamen

5 – O-Antiphonen

6 – Ich-bin-Worte Jesu

7 – Texte zum Neuen Testament

8 – Texte zur Liturgie

9 – Epilog

Vorwort

Gott, der Vater, der Sohn, der Heilige Geist,
der Herr, der König, der Allmächtige,
der Schöpfer, der Retter, der Fels.

Männliche Gottesnamen sind uns vertraut. Sie prägen die Liturgie und auch unser Beten.

Dabei gibt es auch anderes, und auch andere Namen:
die Mutter, die Freundin, die Geistkraft,
die Weisheit, die Barmherzigkeit, die Lebendige,
die Quelle, die Bärin, die Zuflucht.

Und überraschenderweise sind die männlichen Namen keineswegs nur die strengen, starken oder herrschenden – und die weiblichen Namen sind nicht nur die sanften, soften oder traditionell mütterlichen. Nicht erst die neuere Geschlechterforschung zeigt: Auch Frauen sind zum Beispiel wie Bärinnen, die sich gewaltig für ihre Kinder einsetzen und zupacken können.

Das Buch will die Vielfalt der Namen Gottes heben und ins Bewusstsein tragen – und das, ohne die männlichen Namen zu ignorieren oder abzuwerten.

Viele Gottesnamen und Gottesanreden können in männlicher oder weiblicher oder geschlechterneutraler Sprache gesagt und geliebt werden.

Die neuen Namen Gottes haben mein persönliches Bild von Gott erweitert und mein Beten reicher und lebendiger gemacht.

Ich habe versucht, Erfahrungen des Alltags und Herausforderungen unserer Zeit mit meinem Glauben und meinem Beten in Beziehung zu bringen: Navi, Teddybär, Wäschestärke sind Beispiele dafür.

Viele Menschen denken in Schubladen: Es gibt Arbeit und Freizeit, Leib und Seele, Glauben und Leben. Für mich ist dies alles ein Ganzes. Auch mein alltägliches Leben und meine Vorstellung von Gott gehören zusammen.

Ich verstehe dieses Buch als Einladung und Anregung, anders zu beten. Manche Gottesanrede mag für den einen oder die andere am Anfang ungewohnt klingen oder auch befremden.

Es lohnt sich aber, auf Entdeckungsreise zu gehen – zusammen mit Gott, der Lebendigen, die so viel größer ist, als alle unsere Worte sie zu nennen vermögen.

Vielleicht sind viele der Gebete zunächst eher für das persönliche Beten und Meditieren geeignet. Der eine oder andere Text kann aber durchaus auch in der Liturgie verwendet werden – zumal alle Texte Bezug nehmen auf Worte der Bibel.

Schließlich versteht sich dieses Buch auch als Anregung, weiterzudenken und weiter zu denken und eigene Gebete zu formulieren. Ich bin sicher: Gott, der und die Lebendige, kommt uns zu Hilfe und hat ein offenes Ohr für unsere Worte – wie auch für unser Schweigen.

Vielleicht ist es in manchen Situationen schwierig, als Sprecher*in in einem Gottesdienst das »Ich« meiner Texte zu übernehmen. Es braucht vorab die Frage: »Kann ich das so sagen?« Möglicherweise überbrückt dann eine Einleitung des Textes: »Eine Frau / ein Mann / jemand betet …«

Von Herzen wünsche und erbitte ich allen, die dieses Buch in die Hand nehmen, dass meine Worte zu einer Brücke werden, eigene Gebete zu formulieren und zu sprechen. Ich wünsche uns allen eine gelingende Kommunikation – einen wahren und aufbauenden Dialog.

Marie-Luise Langwald
Mülheim an der Ruhr – am 29. April 2024,
dem Festtag der Kirchenlehrerin Katharina von Siena

1 – Prolog

Gottesbilder loslassen

Herr
habe ich gebetet
und Gott
den Allmächtigen
genannt.

Der bist du,
sicher.
Ich glaube daran.

Irgendwann aber hat sich etwas verändert,
habe ich mich verändert
und dich mit neuen Namen genannt.

Lange vertraute Gottesbilder
habe ich losgelassen
und neue Namen gefunden
für dich,
die Kraft meines Lebens,
die Lebendige,
die Quelle.

Gott,
du hast mich verwandelt
und in die Weite geführt.

Die Weisheit wandelt

Göttliche Weisheit
bist du
    w eit,
    e inladend,
    i nnovativ,
    s chön und
    e rbarmend –
Realität und Leitbild
für alle Menschen.

Heilige Geistkraft
bist du:
    g estaltend,
    e infühlsam,
    i rritierend,
    s endend,
    t röstend,
    k raftvoll,
    r ufend,
    a tmend,
    f riedenbringend und
    t reu.

Du bist
die Weisheit,
die Lebendige,
du weitest und
du wandelst.

2 - Texte zu Psalmen

Nachsinnen bei Tag und bei Nacht

»Selig der Mensch, der … Gefallen hat an der Weisung des HERRN,
bei Tag und bei Nacht über seine Weisung nachsinnt.«
(Ps 1,1a.2)

Nein,
das gelingt mir nicht:
nachsinnen bei Tag und bei Nacht.

Aber immer wieder
denke ich nach
und betrachte Gottes Wort.

Und das ist mehr als »Weisung«.

Gottes Wort
offenbart Gottes Wirken,
die Welt der Wunder,
die Schönheit der Schöpfung.
Es lädt ein, zu staunen,
ihn zu loben,
sie zu besingen,
manchmal einen Tag lang,
manchmal eine kurze Zeit,
manchmal einen Augenblick
und manchmal auch in der Nacht.

↘

Im Sinnen kann ich erkennen,
was deine Weisung ist,
Gott,
wozu du mich einlädst,
wohin mein Weg geht.

Das ist selig
und macht mich selig.

Ablage

»In Frieden leg ich mich nieder und schlafe;
denn du allein, HERR, lässt mich sorglos wohnen.«
(Ps 4,9)

Manchmal ist es nicht so einfach,
sich in Frieden niederzulegen
und ruhig zu schlafen.

Zu viele »Feinde« springen durch meinen Kopf,
zu viele Sorgen belasten meine Seele.

Ich habe einen Krug neben mein Bett gestellt.

Am Abend lege ich alles,
was mich bedrückt, belastet und ängstigt,
in den Krug.

Ich gebe es dir, Gott,
in dein Herz.

Ich lege alles ab
und lege mich nieder.
Und ich bitte darum,
dass du mich ruhig schlafen lässt.

Und vielleicht
sieht die Welt am Morgen anders aus
und ich kann
gestärkt und mutig weitergehen.

Groß-Macher Gott

Schon lange habe ich Probleme
mit der »Schuldzerknirschungs-Theologie«.
Vor allem in der österlichen Bereitungszeit.
Der Mensch ist Sünder,
Sünderin vor allem,
wird schuldig immer
und bedarf der permanenten Buße.

Der Mensch ist klein.

Und dann höre ich dankbar:
Gott,
du hast »den Menschen nur wenig geringer gemacht als Gott,
hast ihn mit Herrlichkeit und Ehre gekrönt«.
(Ps 8,6)

Wissend
um eigene Grenzen
fühle und glaube ich mich groß.

Wie lange noch?

Manchmal
spricht der betende Mensch mir aus dem Herzen:
»Wie lange noch muss ich Sorgen tragen in meiner Seele,
Kummer in meinem Herzen Tag für Tag?«
(Ps 13,3)

Manchmal scheint es keinen Trost zu geben,
keine Heilung, keine Perspektive.

Wie lange noch
trage ich die Sorge,
die nicht von meiner Seite weicht?

Wie lange noch
ist mein Herz schwer vor Kummer?

Wie lange noch?

Wie froh bin ich,
dass ich mein Herz ausschütten darf bei dir,
dass ich dir meine Klage sagen darf.

Lange noch.

»Singen will ich dem Herrn,
weil er mir Gutes getan hat.«
(Ps 13,6b)

Vielleicht kann ich es – irgendwann.

Du bist

»Ich will dich lieben, Herr, meine Stärke,
Herr, du mein Fels und meine Burg und mein Retter;
mein Gott, mein Fels, bei dem ich mich berge,
mein Schild und Horn meines Heils, meine Zuflucht.«
(Ps 18,2–3)

Wenn ich schwach bin:
Du bist meine Stärke.

Wenn ich unsicher bin:
Du bist mein Fels.

Wenn ich in Gefahr bin:
Du bist meine Burg.

Wenn ich gestürzt bin:
Du bist mein Retter.

Wenn ich voller Angst bin:
Du bist mein Fels, bei dem ich mich berge.

Wenn ich verletzbar bin:
Du bist mein Schild.

Wenn ich schutzlos bin:
Du bist das Horn meines Heils.

Wenn ich heimatlos bin:
Du bist meine Zuflucht.

Du, meine Leuchte

»Du lässt meine Leuchte erstrahlen,
der HERR, mein Gott, macht meine Finsternis hell.«
(Ps 18,29)

Meine Leuchte?
Strahlen?
Ich?
Überschätzt du mich nicht?

Oft ist es dunkel um mich herum.
Und auch in mir.

Meine Leuchte?
Ist es nicht *deine* Leuchte?

»Du machst meine Finsternis hell.«
Du bist meine Leuchte.

In deinem Licht
kann ich sicher gehen,
stolpere ich nicht,
habe ich keine Angst,
kann ich Leuchte sein für andere.

Dein Licht
schaltet mein Licht an.
Wir leuchten …

Über Mauern springen

Sport
ist in der Schule
nicht mein Fach gewesen.
Und über Kästen zu springen
mochte ich schon gar nicht.

Über Mauern springen?

Unvorstellbar.
Erst recht mit schlappen Beinen …

Wie gern möchte ich glauben,
dass ich es schaffe
mit dir.

»Mit meinem Gott überspringe ich Mauern.«
(Ps 18,30b)

Ja,
manchmal schaffe ich den Sprung
über die Mauer meiner Angst,
über die Furcht vor der Zukunft,
über das Hemmnis meiner Unsicherheit.

Trainier mich,
Gott,
dass ich
springen lerne.

Zwei Hebammen

Ich habe
zwei Hebammen:
Die leibliche kenne ich nicht.
Die zweite bist du,
Hebamme Gott.

Zwei Hebammen
haben mich
aus dem Schoß der Mutter geholt,
aus ihrem Inneren.

Ihr habt mich
hineingeholt in die Welt,
zur Welt gebracht.

Ihr habt mich
ins Licht geholt,
ins Leben.

Ihr habt mich
zärtlich umfasst,
geborgen an der Brust meiner Mutter.

»Du bist es,
die mich aus dem Schoß meiner Mutter zog,
der mich anvertraut der Brust meiner Mutter.«
(Ps 22,10)

Meine Hirtin

Gott ist meine Hirtin.
(vgl. Ps 23,1)

Sie war Hirtin
in der Person meiner Mutter,
wenn sie mich nach der Schule erwartete
und den Tisch für mich gedeckt hatte.

Sie war Hirtin
in der Person einer Freundin,
die mir den Arm gereicht hat,
als ich schlecht laufen konnte.

Sie war es
in der Person einer Ärztin,
die meine Schmerzen wahrgenommen
und mir Linderung verschafft hat.

Sie war es
in der Person einer Seelsorgerin,
die still an meinem Bett gesessen hat,
als ich auf eine Operation gewartet habe.

Gott ist meine Hirtin.
Sie sendet Hirtinnen an meine Seite –
mich zu begleiten mein Leben lang.

Macht auf

Vieles ist verschlossen
in der Kirche
für viele:
kein Zugang,
Einlass verweigert,
hier gehörst du nicht hin.

»Hebt euch, ihr uralten Pforten.«
(Ps 24,7b)

Macht euch auf,
macht auf
und lasst herein und zu.

Ur-alt
darf es nicht weitergehen.
Zum Ur-Sprung
wollen wir zurück.

Gott ist offen,
Gott schließt nicht
(aus).

Zu-Flucht

Unzählige Menschen
sind auf der Flucht.

Sie verlassen ihre Heimat,
fliehen vor sich selbst,
fürchten ihre Schatten.

Menschen fliehen
und wissen nicht, wohin.

Manchmal bin auch ich
auf der Flucht.

Wohin?
Wo finde ich Heimat?
Wo ist Sicherheit?

»Der Herr ist die Zuflucht meines Lebens:
Vor wem sollte mir bangen?«
(Ps 27,1b)

Gott,
du bist meine Zu-Flucht.
Bei dir bin ich sicher.

Wie sehr wünsche ich mir,
dass die Flüchtenden unserer Zeit
Zuflucht finden.

Kraft-Ort

»Gott wird seinem Volk Kraft geben;
Gott wird sein Volk segnen mit Frieden.«
(Ps 29,11)

Viele Menschen
und große Teile der Welt
sind kraft-los,
müde,
erschöpft.

Sie warten auf dich,
Kraft von oben,
Kraft-Gott,
Gottes-Kraft.

Komm
und kräftige die Welt.
Hilf,
Kraft-Orte zu schaffen,
an denen starke Menschen leben,
und segne sie mit deinem Frieden.

Mein Navi

»Ich unterweise dich
und zeige dir den Weg,
den du gehen sollst.
Ich will dir raten,
über dir wacht mein Auge.«
(Ps 32,8)

Gott,
du bist mein Navi.
Du zeigst mir den Weg,
hast ein Auge für mich,
bist wachsam
und sorgend.

Manchmal rätst du zur Umkehr,
was ich nicht immer verstehe.
Ich vertraue dir,
dass du weiter siehst als ich.
Und ich bin froh,
dass du mir meine Freiheit lässt.

Danke, Navi-Gott,
dass dein Auge auch dann wacht,
wenn ich Umwege gehe
oder falsch abgebogen bin.
Du wirst bei mir sein
und mich zurückführen auf den richtigen Weg,
wenn es nötig und an der Zeit ist.

Machtlos mächtig

Starke Männer
regieren die Welt,
lenken Staaten,
leiten Konzerne
und herrschen mit Macht.

Brauchen wir Herrscher,
Helden und Könige?

Und dann:
»Dem König hilft nicht seine große Stärke,
der Held rettet sich nicht durch große Kraft.«
(Ps 33,16)

Der Prophet Sacharja unterstreicht diese Sicht,
wenn er einlädt:

»Juble laut, Tochter Zion!
Jauchze, Tochter Jerusalem!
Siehe, dein König kommt zu dir.
Gerecht ist er und Rettung wurde ihm zuteil,
demütig ist er
und reitet auf einem Esel,
ja, auf einem Esel, dem Jungen einer Eselin.«
(Sach 9,9)

Hätten wir mehr solcher macht-losen
und dadurch mächtigen Könige und Königinnen!

Ich bleibe dran

Ganze Litaneien
könnte ich dir klagen.
Viele Nöte
trage ich vor dich.
Ängste
lasten auf meiner Seele.

»Ich suchte den Herrn und er hat mich erhört,
er hat mich all meinen Ängsten entrissen.«
(Ps 34,5)

Nein,
noch hast du nicht.

Aber:
»Wohl dem [Menschen], der zu ihm sich flüchtet.«
(Ps 34,9b)

Ich bleibe dir auf den Fersen.

Klimawandel und mein Kopfschmerz

Klimawandel
weltweit und in Deutschland.
Hitzeperioden,
Dürrezeiten.
schweißtreibendes Sommerwetter.

Mein Kopf reagiert.
Klimawandel und Kopfschmerz.
Ich trinke zu wenig.

Mein Gebets-Vorsatz:
»Bei dir ist die Quelle des Lebens.«
(Ps 36,10a)

Ich bete für die Welt,
für die trockene Natur,
für die dürstenden Pflanzen,
für die durstigen Menschen.
Und für mich,
die Wasser im Überfluss hat,
oft verschwendet,
und trotzdem
den Weg zur Quelle nicht findet.

Gott ist Arzt

Die Seele stöhnt.
Der Körper schreit.
Ganze Völker leiden und weinen.

»Ich sagte:
Herr, sei mir gnädig!
Heile mich.«
(Ps 41,5)

Nein,
du bist kein Wunderheiler.
Aber ich vertraue auf deine Zusage:

Du wirst mich »auf dem Krankenbett stärken«.
(Ps 41,4)

Beben-Segen

»Gott ist uns Zuflucht und Stärke,
als mächtig erfahren,
als Helfer in allen Nöten.
Darum fürchten wir uns nicht,
wenn die Erde auch wankt,
wenn Berge stürzen in die Tiefe des Meeres;
mögen seine Wasser tosen und schäumen
und vor seinem Ungestüm Berge erzittern.«
(Ps 46,2–4)

Gott, unsere Zuflucht,
segne alle,
die ihr Zuhause verloren haben,
die in der Kälte leben und in Angst.

Gott, unsere Stärke,
segne alle,
die verletzt wurden an Leib und Seele,
die für die Verletzten sorgen und Trost spenden.

Gott, unser Helfer,
segne alle,
die anderen beistehen, die Hilfe organisieren
und Hand anlegen.

Gott,
tröstende Mutter und Halt im Beben,
segne uns.

Gott, meine Burg

Könige und Ritter bauten Burgen,
um sich selbst
und ihr Volk
vor Feinden zu schützen.

Heute bauen wir keine Burgen mehr,
aber wir brauchen Schutz,
Orte, an denen wir sicher sind.

»Mit uns ist der Herr der Heerscharen,
der Gott Jakobs ist unsre Burg.«
(Ps 46,8)

Gott,
du bist meine Burg,
wenn Menschen mich angreifen:
In dir kann ich mich verstecken.

Ich bin sicher
in dir.

Frieden schaffen

Gott »setzt den Kriegen ein Ende
bis an die Grenzen der Erde;
er zerbricht die Bogen,
zerschlägt die Lanzen,
im Feuer verbrennt er die Schilde.«
(Ps 46,10)

Nein, er tut es nicht.
Gott setzt den Kriegen kein Ende.
Kriegsgeräte bleiben unzerstört
und Feuer verbrennt Leben.

Ist es ein Zeichen deiner Schwäche,
dass du nicht eingreifst?

Deine Nerven möchte ich haben,
zuzusehen, nicht einzugreifen,
nicht deine Macht zu zeigen.

Könnt es ein Zeichen deiner Stärke sein,
dass du nicht eingreifst?

Gott,
du hast die Erde in die Hände der Menschen gegeben,
auch den Frieden –
und auch den Krieg.

Hilf uns, Frieden zu schaffen …

König

Offenbar
sind Könige immer noch interessant.
Ihre Reisen,
die Kleider der Königinnen,
das Zeremoniell der Krönungen,
das als aus der Zeit gefallen erscheint.

Wer braucht heute einen König oder eine Königin?

Und dann bin ich eingeladen:
»Singt unserm Gott, ja singt ihm!
Spielt unserm König, spielt ihm!
Denn Gott ist König der ganzen Erde.
Spielt ihm ein Psalmenlied.«
(Ps 47,7–8)

Gott ist König*in und feiert eine altertümliche Zeremonie?

Etwas an der Einladung fasziniert mich:
Ich soll singen und spielen –
und vielleicht sogar tanzen.

Und wenn ich dann höre,
dass du, Gott, jeden »Menschen …
mit Herrlichkeit und Ehre gekrönt« hast
(Ps 8,6),
dann fühle ich mich als deine Königstochter
und das Singen fällt mir leicht.

Heile die Risse

Erschüttert hast du das Land und gespalten.
Heile seine Risse! Denn es kam ins Wanken.
(vgl. Ps 60,4)

Nicht du.
Menschen erschüttern Länder,
Kriege, Terror
und ihre Folgen
spalten.

Länder kommen ins Wanken,
Menschen werden immer unruhiger,
immer sehnsüchtiger nach Freiheit,
mutiger im Widerstand.

»Heile die Risse« des Landes
(vgl. Ps 60,4b)
ist Gebet und permanente Bitte.

Fast unglaublich:
Gott hört die Bitte
und hilft,
Zerbrochenes zusammenzufügen.

Noch bleiben Risse,
Wunden
und Ungeheiltes.

↘

Deshalb
bleiben wir dran und beten:

Heile die Risse
zwischen Staaten,
heile die Risse
zwischen Menschen,
heile die Risse
zwischen den Religionen,
heile die Risse
zwischen den Konfessionen,
heile die Risse
in meinem Leben.

Wir beten
und bauen
und heilen mit.

Hilfe

Immer neu
und immer mehr
bin ich auf Hilfe angewiesen,
hilfs-bedürtig
manchmal hilf-los …

Ich weiß,
was Hilfe bedeutet,
menschliche Hilfe,
helfende Hände,
fleißige Füße
und offene Ohren.

Gott,
du bist »meine Hilfe;
jubeln kann ich im Schatten deiner Flügel.«
(Ps 63,8)

Zeige dich.

Eile, mir zu helfen

»O Gott, komm mir zu Hilfe.
Herr, eile, mir zu helfen.«
(nach Ps 70,2)

So beginnt jedes Tagzeiten-Gebet.

Ja, Gott,
komm in unser Beten,
dass wir offen sind für dich
und deine Stärkung erfahren
jetzt.

Komm in unser Beten,
dass wir gute Worte sprechen
aus ehrlichem Herzen.

Komm in unser Beten,
das uns verbindet mit Menschen weltweit.

»Du, Gott, komm mir zu Hilfe.
Herr, eile, mir zu helfen.«

Nicht nur am Morgen, Mittag und Abend.

»Du, Gott, komm mir zu Hilfe.
Herr, eile, mir zu helfen.«

Ein gutes Gebet für zwischendurch.

Du, meine Hoffnung

»Du bist meine Hoffnung, Herr und Gott,
meine Zuversicht von Jugend auf.«
(Ps 71,5)

Es gibt Tage,
da zerbricht meine Zuversicht.
Es gibt Stunden,
da zerbröselt die Hoffnung.
Es gibt hoffnungslose Momente.

Wie soll ich weiterleben?
Mit den Scherben meiner Hoffnung
und den Brüchen meiner Zuversicht
komme ich zu dir, Gott.

Ich lege dir in die Hände, was geblieben ist.
Ein kleiner Rest Hoffnung fragt:
Du, meine Hoffnung,
kannst du aus meinen Steinen ein Mosaik formen?

Wundertäter*in

»Du bist Gott,
der Wunder tut.«
(Ps 77,14)

Wie sehr wünschte ich mir diese Wunder:
dass der Krieg endet,
dass Menschen nicht fliehen müssen,
dass alle Menschen genug zu essen haben …

Die großen Wunder bleiben oft aus.
Und dann öffnen sich meine Augen
und ich sehe die zahllosen kleinen Wunder:
dass nach der Kälte des Winters neue Blumen blühen,
dass Menschen helfen, ohne, dass sie darum gebeten wurden,
dass …

Gott ist ein Gott, der Wunder tut.
Und oft und oft und oft
tut Gott sie durch Menschen,
wunderbare Menschen:
Wundertäter*innen.

Kräftiger

Wie sehr
leiden Menschen
unter schwindender Kraft –
nicht nur im Alter.
Es fällt schwer,
dies
oder das
nicht mehr zu können
und zunehmende Schwäche
zu akzeptieren.

Wie unmöglich und zugleich hoffnungsvoll
klingt das Psalm-Wort:

»Selig die Menschen, die Kraft finden in dir,
die Pilgerwege im Herzen haben.
Ziehen sie durch das Tal der Dürre,
machen sie es zum Quellgrund
und Frühregen hüllt es in Segen.
Sie schreiten dahin mit wachsender Kraft
und erscheinen vor Gott auf dem Zion.«
(Ps 84,6–8)

Kräftiger Gott,
ich hoffe auf dich.

Sonnen-Gott

Wie oft
ersehne ich Sonne.

Wenn alles verregnet ist,
dunkel
und grau,
dann warte ich auf Sonnenstrahlen,
dass es hell wird
und warm.

Jahreszeiten,
Unwetter
und Brände
verfinstern den Himmel,
verdecken die Sonne.

»Gott der Herr ist Sonne und Schild.«
(Ps 84,12a)

So bete ich.

Singen und tanzen

Wie schade, wie schade,
dass unsere Worte, unsere Gebete
aus dem Kopf geboren, erdacht,
abgelesen werden.

Wie anders klingt:
»Sie werden beim Reigentanz singen:
All meine Quellen entspringen in dir.«
(Ps 87,7)

Das ist anderes Beten, Singen und Tanzen,
aus dem Herzen geboren,
Beten mit Leib und Seele,
vielleicht wort-los.

Immer neu bin ich eingeladen,
es zu probieren.
Und selbst,
wenn die Schritte holprig sind
und manche Töne falsch:
Ich will wagen,
beim Reigentanz zu singen –
vor dir und mit dir.

Ich glaube,
du tanzt mit.

Sicher bist du ein guter Tänzer
und führst mich.

Gebärende Mutter

»Ehe geboren wurden die Berge,
ehe du unter Wehen hervorbrachtest Erde und Erdkreis,
bist du Gott von Ewigkeit zu Ewigkeit.« *(Ps 90,2)*

Berge, Erde und Erdkreis
sind nicht vom Himmel gefallen,
nicht nach einem Knall einfach da,
nicht schmerzlos zwischen deinen Fingern geworden.

Wie eine Mutter hast du, Gott,
sie geboren unter Wehen und Schmerzen.

Aus deiner Gebär-Mutter hast du sie entlassen
und freigesetzt auf der Erde.

Deine Schöpfung hast du in die Welt gegeben
und den Menschen geschenkt,
uns in die Hände gelegt.

Deine Schöpfung hast du losgelassen
und uns anvertraut.
Nun ist es unsere Aufgabe,
sie zu bewahren, sie zu hüten
und sie zu pflegen, auf dass sie sich entfaltet.

Wir dürfen nicht zerstören,
was aus deinem Mutterschoß geboren wurde.

Mutter von Ewigkeit

Unter deinen Flügeln

Manchmal –
in Krisenzeiten –
möchte ich am Morgen das Bett nicht verlassen;
das Kissen vermittelt mir Schutz,
ich fühle mich sicher
und geborgen.

Dann stärken mich die Worte:
»Gott beschirmt dich mit seinen Flügeln,
unter seinen Schwingen findest du Zuflucht,
Schild und Schutz ist dir seine Treue.«
(Ps 91,4)

Gott, meine Adler-Mutter,
du bist wie die warme Decke,
du machst mich stark,
du schenkst mir Mut.

Ich stelle mir vor,
dass dein Flügel zärtlich meine Wange streichelt
und dein Schnabel behutsam die Decke hebt
mit der Zusage:

Steh auf.
Du bist stark.
Geh mutig in den neuen Tag.
Ich behüte dich mit meinen Flügeln.

Engel-Chef*in

Es müssen viele Engel um dich sein,
die du auf den Weg schicken kannst.

Es ist eine große Zusage, die du machst:
»Die Engel tragen dich auf ihren Händen,
damit dein Fuß nicht an einen Stein stößt.«
(Ps 91,12)

»Zehntausendmal zehntausend und tausendmal tausend« Engel sollen es sein.
(Offb 5,11)

Wahrscheinlich müssen es noch mehr sein …

Ich höre,
dass du Engel-Chef*in bist.

Du rufst Engel in deinen Dienst.

Du stattest sie aus
mit breiten Flügeln
und starken Trage-Händen.

Du sendest sie.

Wir haben sie so nötig –
nicht nur,
damit unser Fuß nicht an einen Stein stößt.

Du Weisheit

»Herr, wie zahlreich sind deine Werke!
Mit Weisheit hast du sie alle gemacht,
die Erde ist voll von deinen Geschöpfen.«
(Ps 104,24)

Arten-Vielfalt.
Wie groß-artig ist diese Welt
mit ihren Lebewesen –
den Pflanzen,
den Tieren
und auch den Menschen.
Welcher Mensch
könnte solches erdenken?

Gott,
die Weisheit:
Sie liebt
und macht
und gestaltet.

Du Weisheit,
lass mich teilhaben
an dir.

Ruach, komm

Gott sendet
sich selbst aus:
Atem,
Geist,
Ruach.

»Du sendest deinen Geist aus.«
Neues Leben wird erschaffen
»und du erneuerst das Angesicht der Erde«.
(Ps 104,30)

Wie am Morgen der Schöpfung
hauchst du
Leben ein.
Deine Ruach,
deine Lebenskraft erfüllt die Erde,
sie erschafft und nährt.

»Wie zahlreich sind deine Werke, HERR,
sie alle hast du mit Weisheit gemacht,
die Erde ist voll von deinen Geschöpfen.«
(Ps 104,24)

Wenn alles starr ist:
Komm, Gottes-Geist,
und bewege.

Wenn ich atemlos bin:
Komm, du Atem Gottes,
und beatme mich.

Wenn ich müde bin:
Komm, du göttliche Energie,
und treibe mich an.

Wenn ich kraftlos bin:
Komm, du Lebenskraft,
und belebe mich.

Heilige Ruach,
komm

Mein Gott

»Mein Gott bist du, dir will ich danken.«
(Ps 118,2–3a)

Mein Gott.

Mein Auto,
mein Haus,
mein Hund –
Besitz-anzeigendes Wort.

»Mein« Gott?

Du, Gott,
gehörst mir nicht.
Du bist unverfügbar,
bist nicht Besitz,
nicht Eigentum.

Aber:
Du, Gott,
bist *mir* Gott,
mir zur Seite,
mir zum Schutz,
mir zum Heil.

Dir will ich danken,
mein Gott.

Wann brauche ich Trost?

»In der Angst
rief ich den Herrn an;
und der Herr erhörte mich
und tröstete mich.«
(Ps 118,5)

In meiner Angst schenkst du mir Trost.

Ist es das,
was ich brauche?
Trost?

Ich brauche
Mut,
um weiterzugehen.

Ich brauche
Stärke,
um aufrecht zu gehen.

Ich brauche
Atem,
um zu leben.

Und wenn das nicht klappt,
nehme ich gern
deinen Trost.

hilflos

Ratlos
über die vielen Kriege weltweit.

Hilflos
gegenüber der Not unzähliger Menschen.

Sprachlos
über die unsägliche Gewalt an Kindern.

»Woher kommt mir Hilfe?«
(Ps 121,1b)

Immer neu – hilflos …

Weg-Führer

Manchmal habe ich das Gefühl,
ich irre durch mein Leben.
Das Ziel habe ich aus den Augen verloren,
mein Lebensweg scheint im Nebel zu liegen.

Niemand ist an meiner Seite,
nimmt mich bei der Hand
und leitet mich.

Und dann erinnere ich mich
an ein frühes Wort:
»Ob ich gehe oder ruhe, es ist dir bekannt;
du bist vertraut mit all meinen Wegen.«
(Ps 139,5)

Ich nehme all meinen Mut zusammen
Und flehe zu dir:
»Zeige mir, HERR, deine Wege …
Führe mich in deiner Treue.«
(Ps 25,4a.5a)

Weberin Gott

Wenn ich eine schwangere Frau sehe,
dann nehme ich wahr, wie das Kind in ihrem Mutterleib
wächst und Raum greift.

Und ich stelle mir vor, dass die Mutter alles dafür tut,
dass ihr Kind wachsen und sich entwickeln kann.

Vielleicht ist sie wie eine Weberin,
die einen Stoff webt.
Er wird größer und schöner,
bis er ausgereift ist.

Die Weberin ist wie Gott,
die jedes Menschenleben liebt,
behütet
und zur Geburt bringen will.

Weberin Gott,
wie wunderbar webst du immer neues Leben.
Und wie großartig ist,
was Weberinnen zusammen mit dir weben.

Eine war meine Mutter.

»Denn du hast mein Inneres geschaffen,
mich gewoben im Schoß meiner Mutter.«
(Ps 139,13)

Weberin Gott, ich danke dir.

Sturm

»Lobt den Herrn von der Erde her:
ihr Ungeheuer des Meeres und alle Tiefen,
Feuer und Hagel, Schnee und Nebel,
du Sturmwind, der sein Wort vollzieht.«
(Ps 148,7–8)

Feuer und Hagel,
Schnee und Nebel,
Sturm –
das alles macht den Menschen
sehr zu schaffen,
rundum auf der Erde.

Es fällt mir schwer,
mit den zerstörenden Natur-Gewalten
Gott zu preisen.

Trommeln und Tanz

Am Schilfmeer,
nach der Rettung aus der Sklaverei in Ägypten,
nahm die Prophetin Miriam
»die Pauke in die Hand
und alle Frauen zogen mit Paukenschlag und Tanz
hinter ihr her«. *(Ex 15,20)*

Gotteslob mit Trommeln und Tanz.

Das gibt es immer noch – wenn auch zu wenig.

Frauen
und manche Männer
folgen der Einladung:
»Lobt Gott mit Trommel und Reigentanz,
lobt ihn mit Saiten und Flöte.«
(Ps 150,4)

Ich glaube,
dass du deine Trommel nimmst,
vielleicht auch deine Flöte,
und mitspielst.

Ich glaube,
dass du ein guter Tänzer bist,
dass du unsere Lebensmelodien kennst
und dass du mich aufforderst
und einlädst zum Tanz.
Tanze mit mir durch mein Leben.

3 – Texte zum Ersten Testament

Gott zeit-los

»Im Anfang
erschuf Gott Himmel und Erde.«
(Gen 1,1)

Aus der zeit-losen Ewigkeit
wird die Zeit geboren,
die Vergangenheit,
die Gegenwart,
die Zukunft.

Wir leben
in Zeit und Raum.

Und am Ende der Zeit?

Jesus sagt uns zu:
»Ich bin mit euch alle Tage
bis zum Ende der Welt.«
(Mt 28,20b)

Dann wandelt sich die Zeit zurück
in Ewigkeit,
und das Ende der Welt ist
raumlose Weite.

Gott brütet

»Im Anfang erschuf Gott Himmel und Erde.
Die Erde war wüst und wirr
und Finsternis lag über der Urflut
und Gottes Geist schwebte über dem Wasser.«
(Gen 1,1–2)

Die Erde – ein Chaos.
Tohu wabohu.
Wasser und Finsternis.
Nichts ist fix und fertig.

Gottes Geist schwebt?
Wie soll da etwas werden?

Manchmal wird das hebräische Wort,
das dafür steht,
mit »brüten« übersetzt:
»Gottes Geist brütete über dem Wasser.«

Die Geistkraft brütet.
Wie ein Vogel breitet sie ihre Flügel aus,
schützt ihr Nest – bis Leben schlüpft.

Aus dem Chaos
kann Kosmos werden.

Geistkraft, brüte neu.
Es gibt immer noch so viel Chaos …

Macher

Wenn jemand »Macher« genannt wird,
heißt das oft:
Mann, Entscheider, Durchsetzer.

Gott, du bist anders.

»Dann sprach Gott:
Lasst uns Menschen machen
als unser Bild, uns ähnlich.«
(Gen 1,26)

Dein Machen ist »wir«,
im Dialog als Gottheit,
im Dialog mit der Welt,
im Dialog mit jedem einzelnen Menschen.

Dein Machen ist Erschaffen,
Schöpfen aus Liebe,
zur Eigenständigkeit.

Gottheit,
du schaffst den Menschen,
jeden Menschen,
mich,
als dein Bild,
dir ähnlich,
Gott-verwandt.

Menschen-Schöpferin

Was ist der Mensch?
Das fragen viele Wissenschaften.
Auch Theologie und Kirche.

Was ist der Mensch?

Sie sagen: sündig.
Ich weiß: erlöst.

Sie sagen: klein.
Ich weiß: groß.

Sie sagen: verdorben.
Ich weiß: wundervoll.

Sie sagen: erdig.
Ich weiß: himmlisch.

»Gott erschuf den Menschen als sein Bild,
als Bild Gottes erschuf er ihn.
Männlich und weiblich erschuf er sie.«
(Gen 1,27)

Der Mensch:
von Gott geschaffen.
Bild
der Menschen-Schöpferin.

Ihr sei Dank.

Nie wieder

»Gott sprach zu Noach:
Dies ist das Zeichen des Bundes,
den ich zwischen mir
und allen Wesen aus Fleisch auf der Erde
aufgerichtet habe.«
(Gen 9,17)

Ein Bogen in den Wolken –
seit den Tagen des Noach
Zeichen des Bundes,
der Zuneigung Gottes,
des Versprechens:
»Nie wieder soll eine Flut kommen
und die Erde verderben.«
(Gen 9,11b)

Das hast du gut gesagt,
Gott:
»nie wieder«.

Es stimmt leider nicht.
Fluten kamen
und kommen –
auch heute noch.

Hast du dein Versprechen vergessen,
Gott?

Gott schaut auf mich

In deiner großen Not,
Hagar,
in der Wüste
und der Einsamkeit
nennst du Gott El-Roï:
»Gott schaut auf mich«.
(Gen 16,13)

Du gibst Gott einen Namen.
Wie gut dieser Name tut.

Ich brauche deine Gewissheit,
Hagar,
möchte mich anschließen
an deine Zuversicht,
an dein Vertrauen
und bitten:
»Gott, schau auf mich.«

Alles ist möglich?

Ich schaffe das nicht.
Das ist doch unmöglich.
Wie oft sage
oder
denke ich so.

Gott spricht zu Abraham und Sara:
»Sollte Gott etwas unmöglich sein?«
(Gen 18,14)

Gott,
du machst Unmögliches möglich.
Nicht immer …

Hilf mir.

Der / die Ewige

Hagar
spürt den Blick Gottes
auf sich.
Persönlich.
Jetzt.

Sie nennt Gott El-Roï:
Gott, der auf mich schaut.

Abraham
blickt von sich weg
jetzt,
in die Ewigkeit,
und nennt Gott:
»Der Ewige«.

Vielleicht pflanzt er deshalb
eine Tamariske,
einen Frühlingsbaum,
der gleichzeitig auf Ewigkeit deutet.

»Abraham
aber pflanzte eine Tamariske in Beerscheba
und rief dort den HERRN an
unter dem Namen:
Gott, der Ewige.«
(Gen 21,33)

Gott,
der Ewige …
Ich nenne dich
Gott,
die Ewige.

Schenke mir deinen Blick
und lenke meinen Blick
vom manchmal dunklen Jetzt
in die blühende Ewigkeit.

Schönheit und Glanz

Der Pharao zur Zeit des Mose
verlangte von den Hebammen,
dass sie alle männlichen Neugeborenen
töten sollten.
Er wollte seine Macht um jeden Preis erhalten.

Zwei Frauen,
Schifra und Pua,
widersetzen sich seinem Befehl.
(vgl. Ex 1,15–22)

Sie retten das Leben des Mose
und anderer Jungen.

Schifra und Pua –
ihre Namen bedeuten
Schönheit und Glanz.
Sie tragen etwas von dir,
Gott,
von deiner Schönheit und deinem Glanz
in eine lebensfeindliche Welt.

Widerstand
lässt leben,
stehen
und wachsen.

Schönheit und Glanz
haben eine Chance.

Du bist anders

Wer kennt sie nicht,
die drei Affen?
Nichts sehen,
nichts hören,
nichts sagen.
Augen zu,
Ohren zu
und Mund zu.

Du bist anders, Gott.
Du sprichst:
»Ich habe das Elend meines Volkes in Ägypten gesehen
und ihre laute Klage über ihre Antreiber habe ich gehört.
Ich kenne ihr Leid.«
(Ex 3,7)

Du siehst
das Elend der Menschen
in der ganzen Welt
und das Elend der Erde,
deiner Schöpfung.

Du hörst
die laute Klage der Menschen,
das Schreien der Schöpfung,
das Stöhnen der Strukturen.
Auch das Weinen in deiner Kirche.

↘

Und du sprichst,
in deinem wirkenden Wort,
durch Prophetinnen und Propheten,
durch Menschen heute
und durch deine Schöpfung.

Öffne meine Augen,
dass ich dich sehe,
öffne meine Ohren,
dass ich dich höre
und öffne meinen Mund,
dass ich spreche von dir.

Ich bin

»Gott sprach zu Mose:
Ich bin, der ich bin.
Und er fuhr fort:
So sollst du zu den Israeliten sagen:
Der Ich-bin hat mich zu euch gesandt.«
(Ex 3,14)

Gott gibt sich zu erkennen:
»Ich bin, der ich bin.«
(Ex 3,14a)

Welche Bestärkung
kommt mir entgegen.

Gott nennt sich »ich«.
Und er lädt damit alle ein,
es ebenso zu tun:
Ich.

Und dann sagt Mose zum Volk Israel:
»Der Ich-bin hat mich zu euch gesandt.«
(Ex 3,14c)

»Ich bin« sendet.
Mose geht –
in Gottes Namen.

Ich versuche es ebenso.
»Ich bin« sendet mich.

Gott ist Brot-Bäckerin

Von alters her sind es die Frauen,
die Brot backen.
Frauen nähren –
ihre Kinder und die Hungrigen.

Und dann backt
und gibt Gott Brot.
Frisches Brot – mitten in der Wüste.

Mose sagte in der Wüste:
»Das ist das Brot, das der Herr euch zu essen gibt.«
(Ex 16,15b)

Zahllose Menschen leben heute in der Wüste:
in den Kriegs- und Krisengebieten unserer Erde,
auf der Flucht,
in Armut auch in unserem Land.

Bäckerin-Gott,
nähre unsere Hoffnung
auf Brot für alle Menschen,
schenke vielen die Kraft,
Brot zu backen und zu teilen.

Nähre auch alle, die Hunger haben
nach Weisheit, nach Gerechtigkeit, nach Heil.

Nähre alle in ihren Wüsten.

Ich werde vor dir da sein

In der Wüste
steht ein murrendes Volk
vor Mose.

Er hat Angst.
»Es fehlt nur wenig,
und sie steinigen mich.«
(Ex 17,4b)

Gott schickt ihn
zum Berg Horeb.

»Dort drüben auf dem Felsen
werde ich vor dir stehen.«
(Ex 17,6a)

»Ich werde vor dir stehen« –
wie das Volk
und doch anders
bin ich dir gegenüber.

Ich kann den Text auch so lesen:
Ich werde schon vor dir
da sein.
Ich erwarte dich
und werde für dich da sein.

↘

Darauf vertraue ich:
dass Gott da ist,
wohin ich komme,
dass er mich erwartet,
empfängt
und mir Mut macht.

Danke,
Gott,
dass du vor mir da bist,
mir die Angst nimmst
und mir hilfst,
meinen Auftrag zu erfüllen.

Adler-Mutter-Gott

»Ihr habt gesehen, wie ich euch auf Adlerflügeln getragen
und zu mir gebracht habe.
Jetzt werdet ihr mein besonderes Eigentum sein.«
(Ex 19,4b.5b)

Müde und matt lebe ich am Boden.
Die Füße sind schwer und die Flügel lahm.

Ich rufe zu dir, Gott, meiner Adler-Mutter,
dass du mich aufhebst
und mich trägst
auf deinen Flügeln,

dass du mich emporhebst
und führst
auf deinen Flügeln,

dass du mir Zuflucht schenkst
und Geborgenheit
unter deinen Flügeln,

dass du mich aus dem Nest stößt,
mich Freiheit spüren lässt –
und mich dann auch wieder trägst auf deinen Flügeln.

Und vielleicht leihst du mir hin und wieder
auch deine Adler-Augen …

Gottes-Segen

»Sag zu Aaron und seinen Söhnen:
So sollt ihr die Israeliten segnen;
sprecht zu ihnen:
Der HERR segne dich und behüte dich.
Der HERR lasse sein Angesicht über dich leuchten
und sei dir gnädig.
Der HERR wende sein Angesicht dir zu
und schenke dir Frieden.«
(Num 6,23–26)

Gott, die Ewige, spricht mir zu –
so darfst du segnen:

Die Liebe segne und behüte dich.
Die Weisheit lasse ihr Angesicht über dich leuchten
und sei dir gnädig.
Die Ewige wende ihr Angesicht dir zu
und schenke dir Frieden.

Wo ist die haltende Hand?

»Er halte dich in seinen Händen,
doch drücke seine Faust dich nicht zu fest.«

Das singen wir gern
und mit einem Augenzwinkern.

Und dann
spüren wir eine Faust,
nehmen Druck wahr
und erstarren.

Wie anders ist die haltende Hand.

Ich sehe sie
in den suchenden Menschen,
in Helferinnen und Helfern,
in tätigen Händen,
in tröstenden Gesten.

»Unser Gott sei mit uns,
wie er mit unseren Müttern und Vätern gewesen ist.
Gott verlasse uns nicht
und ziehe die Hand nicht ab von uns.«
(1 Kön 8,57)

Stärke unseren Glauben.

Zärtliche Berührung

Elija
ist auf der Flucht.
In der Wüste
wird ihm eine besondere Gotteserfahrung geschenkt.

Gott zeigt sich –
allerdings anders als erwartet.
(vgl. 1 Kön 19,11–12)

Gott ist nicht
im starken Sturm.
Gott ist nicht
im Erdbeben.
Gott ist nicht
im Feuer.

Gott zeigt sich
im sanften, leisen Säuseln,
im zärtlichen Wehen,
in der behutsamen Berührung.

Gott,
du bist das Säuseln,
das Wehen.

Du berührst mich,
rührst mich an,
bewegst mich im Innersten meiner Seele.

Angerührt
von dir
kann ich leben.

Manchmal
berührst du mich spürbar,
zärtlich.
Berührt
von dir
fühle ich mich geborgen.

Gott,
du bist die Berührung,
die Zärtlichkeit.

Du zärtliche Berührung,
ich danke dir.

Mein Erlöser lebt

Wenn ein geliebter Mensch nicht mehr leben kann
wenn das Sterben schwer ist
und der letzte Lebensfunke
das Leben festhält,
dann rufe ich – manchmal stumm –
nach dir.

Und wenn ich nicht schreien und nicht rufen kann
und Sterben qualvoll wird,
dann hoffe ich auf Menschen an meiner Seite,
die mit mir schweigen.

»Ich weiß, dass mein Erlöser lebt.«
(Hiob 19,25a)

Wenn ich es nicht sagen kann,
dann zeige dich als Erlöser, der lebt
und der geliebte Mensch wird leben mit dir.

Vater, Mutter, Hand und Fuß

»Auge war ich für den Blinden,
dem Lahmen wurde ich zum Fuß.
Vater war ich für die Armen.«
(Hiob 29,15–16a)

Wie viele Menschen
brauchen Hilfe
bei Sehen oder Gehen.
Auge oder Fuß
sind verletzt, lahm, krank.

Wie viele Menschen
sehnen sich nach einem Menschen
an ihrer Seite,
vermissen Vater oder Mutter –
verloren
oder nie erlebt.

Gott,
sei
und schenke
Hilfe,
sei sorgend.

Gott,
sei Fuß,
sei Auge,
sei Vater,
sei Mutter.

Köchin Gott

»Eine tüchtige Frau, wer findet sie? … Noch bei Nacht steht sie auf, um ihrem Haus Speise zu geben und den Mägden, was ihnen zusteht.«
(Spr 31,10a.15)

Gott,
du bist wie diese tüchtige Frau,
wie die Hausfrau,
eine Köchin.

Ich stelle mir vor,
dass du für mich das Gericht meines Lebens kochst.
Du wirst die Suppe meines Lebens
– mein Leben – nicht versalzen.
Du wirst das Essen – mein Leben – nicht zu scharf würzen.
Du wirst es aber auch nicht zu schwach würzen,
sodass es fad wird.
Du wirst es schmackhaft zubereiten,
nahrhaft
und bekömmlich.

Köchin-Gott,
du bist da
zwischen den Töpfen und Pfannen
und entlastest mich.
Gott,
du Tüchtige,
Dank sei dir.

Komm, Weisheit

»Ich betete und es wurde mir Klugheit gegeben;
ich flehte und der Geist der Weisheit kam zu mir.«
(Wsh 7,7)

Was viele Menschen aller Jahrhunderte erfahren haben,
darum bitte ich:

Komm, du Geist der Weisheit,
schenke ein hörendes Herz
und das rechte Wort,
schenke einen klaren Blick
und liebendes Verstehen,
schenke Erkennen
und Geschmack am Leben.

Geist der Weisheit,
komm.

Komm,
du Gott,
die Weisheit ist,
ich flehe zu dir.

Wunderbarer Ratgeber

Erderwärmung –
was sollen wir tun?
Naturkatastrophen –
was sollen wir tun?
Unheilbare Krankheiten –
was sollen wir tun?

Oft weiß die Wissenschaft,
was zu tun ist.
Oft wissen auch die Menschen,
was zu tun ist.
Dennoch
tun wir nichts.

Es gibt viele Ratschläge,
viele werden nicht umgesetzt.
Es gibt viele Ratschläge –
leider sind sie unbequem,
mühsam, teuer.

Ein Kind
ist »wunderbarer Ratgeber«.
(Jes 9,5)

Kann seine Offenheit zum Leben
uns die Richtung weisen,
uns Mut machen,
aktiv zu werden
und Schritte zu wagen?

Friedens-Kind

Wohl selten so oft,
so laut und so schweigend
wie heute
rufen wir nach dem Friedens-Kind.
(vgl. Jes 9,5)

Kaum glauben
und doch hoffen wir,
dass dieses kleine Kind
den Frieden bringt,
dass es Herzen bewegt
mit dem Willen zum Frieden –
in Betlehem,
in Gaza,
in der Ukraine
und an vielen tausend Orten der ganzen Welt.

Schweigend schreien
und schreiend schweigen wir.
Im Hören auf Bomben
und angesichts von Zerstörung
hoffnungsvoll
rufen wir zu dir:

Komm neu zur Welt,
du Friedens-Kind.

Meine Krankenschwester

Ich bin sicher,
dass Gott
»die Leiden seines Volkes heilt
und seine Wunden verbindet«.
(Jes 30,26)

Mir gefällt die Vorstellung,
dass du die Leiden deines Volkes heilst.
dass du unsere Wunden verbindest.

Du bist meine Krankenschwester.
Du siehst,
wo es schmerzt.
Du weißt,
was mir gut tut.
Du kennst Heilmittel
für Leib und Seele.

Wende dich mir zu,
verbinde
und tröste.

Mein Mutterschaf

Manchmal trage ich schwer am Leben
und möchte doch,
dass jemand mich trägt,
mich in den Arm nimmt
und mir zusagt:
Es wird gut,
du bist stark und nicht allein.

Manchmal trägt meine Umwelt schwer an mir,
an meiner Hilflosigkeit,
an meiner Schwäche,
an meinen Fragen.

Wenn sie mich nicht ertragen kann
und du mich nicht trägst,
dann führe mich,
wie du die Mutterschafe führst.

»Wie ein Hirt weidet Gott seine Herde,
auf seinem Arm sammelt er die Lämmer,
an seiner Brust trägt er sie,
die Mutterschafe führt er behutsam.«
(Jes 40,11)

Sei du mein Mutterschaf.

Mit dir

Manchmal fühle ich mich
allein,
hilflos und
überfordert.

Wer ist bei mir
und geht mit mir?

Gott,
du sagst:
»Fürchte dich nicht,
denn ich bin mit dir.«
(Jes 41,10a)

Ich danke dir
und flüstere:
»Und ich bin mit dir.«

Ich fasse dich an der Hand

Es ist eine Urerfahrung meiner Kindheit:
Mein Vater fasste meine Hand.
Dann konnte mir nichts mehr passieren.
Dann fühlte ich mich sicher.

Das Gefühl in der Hand
ist bleibend spürbar –
über die Kindheit und seinen Tod hinaus.

»Ich, der Herr …
ich fasse dich an der Hand.«
(Jes 42,6)

Wenn ich Angst habe,
voll Furcht in die Zukunft blicke,
wenn ich unsicher bin
und meinen Weg suche,
dann stelle ich mir vor,
wie einer oder eine nach meiner Hand greift,
wie er mich hält,
wie sie mich führt,
wie er mich stützt,
wie sie mich ermutigt.

Ich stehe aufrecht
und gehe.

Rufe neu

»Der Herr hat mich schon im Mutterleib berufen;
als ich noch im Schoß meiner Mutter war,
hat er meinen Namen genannt.«
(Jes 49,1b)

Wenn ich müde bin und erschöpft
und den Weg nicht sehe,
wenn ich traurig bin und mutlos
und die Zukunft dunkel erscheint,
wenn ich hilflos bin und allein
und nicht gehen kann,

dann erinnere mich an deine Zusage:
Als du noch im Schoß deiner Mutter warst,
habe ich deinen Namen genannt.

Du, Gott,
weißt, wie ich heiße,
weißt, wer ich bin,
weißt, was ich brauche.

Berufe neu.
Auf neuen Weg.

Gott Mutter

Darf man das eigentlich?
Mutter
zu Gott sagen?
Hat er sich doch immer wieder als Vater vorgestellt.
Gott.
Vater.
Er.

Aber Mutter?

Doch Gott sagt von sich selbst:
»Kann denn eine Frau ihr Kindlein vergessen,
ohne Erbarmen sein
gegenüber ihrem leiblichen Sohn?
Und selbst wenn sie ihn vergisst:
Ich vergesse dich nicht.«
(Jes 49,15)

Gott,
du bist die treue Mutter,
die mich nicht vergisst,
die Erbarmen mit mir hat
und an meiner Seite bleibt –
immer.

Wende dein Ohr mir zu

Geklagt wird überall.
Sorgen und Nöte im Blick auf die Welt,
auf die Kirche,
in der Familie
und auch im eigenen Leben.
Sehnsucht nach Frieden
bestimmt die Gedanken und Gespräche,
die fehlende Gesundheit macht Angst,
bedrohte Sicherheit und Zukunft
bestimmen unser Denken.
Oft kommen dazu noch finanzielle Sorgen.

Und dann höre ich den Propheten Jesaja:
»Gott, der Herr,
gab mir die Zunge von Schülern,
damit ich verstehe,
die Müden zu stärken durch ein aufmunterndes Wort.
Jeden Morgen weckt er mein Ohr,
damit ich höre, wie Schüler hören.« *(Jes 50,4)*

Gott hört meine Klagen.
Er spricht, ist selbst das Ohr
und öffnet die Ohren der Menschen,
dass sie uns hören, uns stärken.

Ich bitte Gott und die Menschen in meiner Nähe:
»Wenn ich in Not bin, wende dein Ohr mir zu!
Wenn ich dich rufe, eile und erhöre mich!«
(Ps 102,3)

Gesalbt

Salbung
ist Sehnsucht vieler Frauen,
die hoffen,
Diakonin
oder Priesterin
sein zu können.

Es wird verwehrt.

»Der Geist Gottes, des Herrn, ruht auf mir.
Denn der Herr hat mich gesalbt.«
(Jes 61,1a)

Geistkraft,
du bist
die Salbende.

Ich flehe dich an
im Chor der vielen Schwestern,
dass du uns erhörst,
dass unsere Sehnsucht
Wirklichkeit wird –
bald.

Auf Sendung

Gott ist mein Sender.
Nein,
nicht einer von fast 500 Fernsehprogrammen.

Gott ist mein Sender,
meine Senderin.
Sie hat mich gesalbt
und gesendet,
zu reden,
zu heilen,
in Freiheit zu führen,
zu trösten,
zu erfreuen.
(vgl. Jes 61,1–3)

Von der Senderin gesendet,
bin ich gut »auf Sendung«.

Gärtnerin

»Wie die Erde ihr Gewächs hervorbringt
und der Garten seine Saat sprießen lässt,
so lässt Gott, der Herr, Gerechtigkeit sprießen
und Ruhm vor allen Nationen.«
(Jes 61,11)

Ich sitze gern im Garten und beobachte,
wie die kleinen Pflanzen aus der Erde kommen,
wie sie wachsen und sich entfalten.

In deinem Garten wachsen besondere Pflanzen,
du Welt-Gärtner.
Gerechtigkeit ist eine davon.
Es ist eine gefährdete Pflanze,
oft ausgerissen
und am Wachsen gehindert.

Aber wir brauchen die Pflanze so dringend,
überall auf der ganzen Welt.

Ich sitze in deinem Garten
und bete
und warte auf dich, du Welt-Gärtner,
dass du kommst
und hegst und pflegst,
dass du nährst und schützt.

Ich bin sicher,
oft bist du eine Gärtnerin.

In den Händen der Töpferin

Ein guter Gedanke:
Ich bin Ton
in der Hand des Töpfers
oder auch der Töpferin.
(vgl. Jer 18,6b)

Du hältst mich in deinen Händen,
wärmst mich liebevoll,
dass ich formbar werde.

Du tust mir keine Gewalt an,
trägst mein Bild in deinem Herzen
von Ewigkeit.

Du formst mich
behutsam
zum Ich.

An das Brennen
mag ich nicht denken –
höchstens an dein liebendes Feuer.

In den Händen meiner Töpferin
nehme ich
meine
Gestalt an.

Wie eine Mutter

Gott,
König,
Richter,
Herrscher,
Allmächtiger –
so sind wir gewohnt,
dich zu nennen
seit Ewigkeiten.

Es geht auch anders:
»Ich war da für sie
wie die, die den Säugling an ihre Wangen heben.
Ich neigte mich ihm zu
und gab ihm zu essen.«
(Hos 11,4b)

Gott,
du bist wie eine Mutter.
Welch eine Befreiung.
Ich danke dir.

Kein Teddy-Bär

Immer wieder
geht die Angst vor gefährlichen Tieren um:
Wolf,
Löwe,
Bär …

Und dann sagst du, Gott,
dass du wie eine Löwin bist,
wie ein Panther,
wie eine Bärin,
gefährlich für alle,
die ihren Kindern zu nahe kommen.

»Ich falle sie an wie eine Bärin,
der man die Jungen geraubt hat,
und zerreiße ihnen die Brust über ihrem Herzen.
Dann fresse ich sie wie eine Löwin
und die wilden Tiere des Feldes zerfleischen sie.«
(Hos 13,8)

Bärin-Gott,
nimm dein Kind
in deine Obhut.

Du bist so anders
als mein Teddy-Bär.

Gott tut es nicht

Der Prophet Jona hört Gottes Wort:
»Mach dich auf den Weg
und geh nach Ninive, der großen Stadt,
und rufe ihr all das zu, was ich dir sagen werde.«
(Jona 3,2)

Jona geht
und ruft
und der König und das Volk bekehren sich.

»Da reute Gott das Unheil,
das er Ninive angedroht hatte,
und er tat es nicht.«
(Jona 3,10b)

Wie gut das tut.

Gott lässt sich bewegen,
lässt sich umstimmen.

Gott zeigt Gefühl
und tut nicht das Unheil.

4 – Gottesnamen in Menschennamen

Viele Eigennamen von biblischen Personen, gerade auch von Frauen lassen sich – mehr oder weniger wissenschaftlich gesichert – in die deutsche Sprache übersetzen. Diese Namen können auch als Gottesnamen verstanden werden – das heißt, wir können Gott mit diesen Namen anreden.

Eva: Leben

Welch schönen Namen darfst du tragen,
Eva, Leben.

»Der Mensch (= Adam)
gab seiner Frau den Namen Eva, Leben,
denn sie wurde die Mutter aller Lebendigen.« *(Gen 3,20)*

Du trägst einen Gottesnamen,
Eva,
denn Gott selbst ist Leben:
Lebens-Creatorin,
Lebens-Schöpfer,
Lebens-Pflegerin,
Lebens-Erhalter,
Lebens-Hüterin,
Lebens-Kraft,
Lebens-Liebe.

Mit deinem Leben
belebe uns.

Hagar: Die Fremde

Die kinderlose Sara hatte die Idee,
Hagar, die ägyptische Magd,
zur Nebenfrau ihres Mannes Abraham zu machen,
um durch sie zu einem Kind zu kommen.

Als das Kind geboren ist,
schickt Sara,
die Mutter mit dem ungeborenen Kind,
sie im wahrsten Sinne in die Wüste.

Hagar heißt: die Fremde,
und das ist sie auch.

In der Wüste findet sie ein Engel Gottes.
(vgl. Gen 16,1–14)

Ich glaube,
dass du, Gott, selbst die Fremde bist.
Du bist in allen Wüsten,
bei allen Zweifelnden,
bei allen Alleingelassenen,
bei allen Flüchtenden, bei allen Fremden.

Vielleicht bist du manchmal
der fremde Gott.
Vor allem aber
bist du Gott, die Fremde,
auf der Seite der Fremden.
Ganz nah.

Neue Namen: Abraham und Sara

Abram und Sarai –
Gott nennt sie mit neuen Namen:

»Abraham, Vater der Menge,
wird dein Name sein;
denn zum Stammvater einer Menge von Völkern
habe ich dich bestimmt.«
»Weiter sprach Gott zu Abraham:
Du sollst deine Frau nicht mehr Sarai nennen:
Sara, Herrin, soll ihr Name sein.«
(Gen 17,5b.15)

Neue Namen –
ein neuer Auftrag,
eine neue Identität.

Der Vater der Menge
und
die Herrin
werden Eltern eines großen Volkes.

Und heute?
Menschen können
Gott mit neuen Namen nennen.

Sie ent-decken Gott neu,
anders,
für ihr Leben.

Rahel: Mutterschaf

Ist es ungehörig,
dich Mutterschaf zu nennen,
Rahel?
Gott?

An einem Brunnen
trifft Jakob Labans Tochter, die Hirtin Rahel.
(vgl. Gen 29,6)

Sie tränkt die Schafe und Ziegen,
sorgt für die Tiere,
ist beinahe selbst ihr Mutterschaf.

So bist du, Gott.
Du sorgst
und tränkst
und leitest.

Mütterlich
kümmerst du dich,
nährend
bist du da,
aufmerksam
begleitest du.

Mutterschaf,
sei uns nah.

Tamar: Dattelpalme

Wie gut das klingt:
Gott,
du meine Dattelpalme.

So heißt Tamar,
eine der Frauen im Stammbaum Jesu,
und so darf ich dich nennen.
(vgl. Gen 38,6)

Du bist aufrecht,
groß
und nährend.

Ich darf Halt finden
an deinem Stamm,
Ich kann wachsen
in deiner Nähe,
du schenkst mir
wohlschmeckende Früchte.

Du meine Dattelpalme,
ich danke dir.

Debora: Biene

»Debora, eine Prophetin,
die Frau des Lappidot,
Richterin in Israel …
die Israeliten kamen zu ihr hinauf,
um sich Recht sprechen zu lassen.«
(Ri 4,4–5)

Biene wirst du genannt,
Debora, und du bist es.

Wie Bienen in ihrem Staat
hast du eine feste Aufgabe.
Richterin bist du,
sprichst Recht für die Gemeinschaft,
sorgst für Recht und Gerechtigkeit,
trägst zum Zusammenhalt bei
und zu einem guten Zusammenleben.

Vielleicht bist du nicht die Königin deines Volkes,
aber du hast wichtige Aufgaben.

Als Prophetin und Richterin
haben die Menschen dich geachtet und respektiert.
Und auch dein Mann wird stolz auf dich gewesen sein.

Du Gott, Bienenkönigin,
sammle uns in einer Gemeinschaft,
leite uns und nähre uns
mit Recht und Gerechtigkeit.

Rut: Freundin

Rut
heißt Freundin
und sie ist es
für ihre Schwiegermutter.
(vgl. Rut 1,16–17)

Rut
bleibt an der Seite
der Freundin,
treu und unbeirrbar.

Und am Ende des Weges
wird beiden Frauen
Glück zuteil –
Freundschaft schenkt Leben.

Gott, danke,
dass du Freundin bist
für uns.

Hanna: Gott ist Gnade

Gott ist Gnade
(vgl. 1 Sam 1,2 – 2,10)

die G ebende
die O ffene
die T reue
die T anzende

die I nspiration
die S tärke
die T ür

die G ute
die N ährende
die A ndere
die D auer
die E nergie

Ester: Stern

Ja,
dich brauchen wir dringend:
du Stern,
du Strahlende,
du Leuchtende.

Es ist oft so dunkel
und der Weg ist schwer zu finden.

Zeige uns den Weg,
dass wir sicher gehen
im Dunkel der Zeit.

Schenke uns Orientierung,
dass wir das Ziel nicht verfehlen
und das Richtige tun.

Ein Stern leuchte uns,
dass wir klar sehen
im Nebel.

Ester,
jüdische Königin in Persien,
dein Name leuchtet.
(vgl. Est 8,3–6)

Gott,
ich rufe dich
mit Esters Namen.

Maria / Miriam: Gottes Geliebte

Viele Frauen tragen den Namen Maria,
auch heute.
Miriam, die Prophetin am Schilfmeer,
Maria, die Mutter Jesu,
Maria, die Frau aus Magdala,
Maria, die Freundin Jesu in Betanien …

Es sind verschiedene Frauen.
Ihr Name kann verschiedene Bedeutungen haben.

Maria ist Gottes Geliebte.
Gott liebt – jeden und jede.

Maria ist Meeresstern.
Im Auftrag Gottes
und wie er
weist sie allen Suchenden den Weg.

Maria ist die Fruchtbare.
Leben kommt aus ihr
wie aus Eva, der »Mutter des Lebens«.

Maria ist auch die Widerspenstige.
Sie hört und fragt nach.
»Wie soll das geschehen?« *(Lk 1,34)*

Vielleicht ist in allen,
die den Namen Maria tragen,
eine Spur von Widerspruch.

5 – O-Antiphonen

Antiphon am 17. Dezember

»O Weisheit,
hervorgegangen aus dem Munde des Höchsten –
die Welt umspannst du von einem Ende zum andern,
in Kraft und Milde ordnest du alles:
o komm und offenbare uns
den Weg der Weisheit und Einsicht!«
(vgl. Wsh 7,21ff / Spr 8,12–26)

Du Weisheit

Wie gut das tut,
dass du alles umspannst,
Menschen und Welt umarmst,
kraftvoll und behutsam.

Tochter Gottes,
Gott selbst,
weise
und weisende Kraft.

Jesus Christus,
du göttliche Weisheit,
sei mit uns.
Komm und zeige uns
die Wege der Weisheit.

Antiphon am 18. Dezember

»O Adonai,
Herr und Führer des Hauses Israel –
im flammenden Dornbusch bist du dem Mose erschienen
und hast ihm auf dem Berg das Gesetz gegeben:
o komm und befreie uns
mit deinem starken Arm!«
(vgl. Ex 6,2.6 / Ex 3,2 / Ex 19–20)

DU ADONAI

Wer bist du, Gott,
wie sollen wir dich nennen,
mit welchem Namen dich anrufen,
dass du uns nahe bist?

Kein Dornbusch ist in unserer Nähe,
kein Sinai, dich zu treffen.
Wo bist du?
Ich möchte dich finden.

Jesus Christus,
Adonai bist du,
mehr als alle Namen.
Komm mir nah
und lass dich rufen.

Antiphon am 19. Dezember

»O Spross aus Isais Wurzel,
gesetzt zum Zeichen für die Völker –
vor dir verstummen die Herrscher der Erde,
dich flehen an die Völker:
o komm und errette uns,
erhebe dich, säume nicht länger!«
(vgl. Jes 11,10.19 / Röm 15,12)

Du Spross aus Isais Wurzel

Herren
herrschen
machtvoll.
Gewalt vernichtet.

Ein Spross,
ein Trieb
wächst langsam.
Liebe lässt leben.

Jesus Christus,
Wurzel-Spross,
will Leben für alle.
Komm und rette uns.
Säume nicht.

Antiphon am 20. Dezember

»O Schlüssel Davids,
Zepter des Hauses Israel –
du öffnest, und niemand kann schließen,
du schließt, und keine Macht vermag zu öffnen:
o komm und öffne den Kerker der Finsternis
und die Fessel des Todes!«
(vgl. Jes 22,22 / Offb 3,7)

Du Schlüssel Davids

Vieles ist verschlossen,
zu,
unzugänglich,
unbeweglich.

Wir brauchen Öffner*innen
für Neues,
für ungegangene Wege,
für lebendige Visionen.

Jesus Christus,
Schließ-Kraft,
du willst keine Kerker.
Komm und öffne.
Zögere nicht.

Antiphon am 21. Dezember

»O Morgenstern,
Glanz des unversehrten Lichtes,
der Gerechtigkeit strahlende Sonne:
o komm und erleuchte, die da sitzen in Finsternis
und im Schatten des Todes!«
(vgl. Mal 3,29 / Lk 1,78)

Du Morgenstern

Menschen sitzen in Finsternis
und im Schatten des Todes –
in den Kriegs- und Krisengebieten unserer Erde,
in den Alltagssorgen,
im persönlichen Leid.

Wo ist Friede,
Gerechtigkeit,
wo ist Licht,
ein Sonnenstrahl?

Jesus Christus,
du bist Morgenstern
für die ganze Welt.
Komm und strahle auf,
dring in alle Dunkelheiten.

Antiphon am 22. Dezember

»O König aller Völker,
ihre Erwartung und Sehnsucht;
Schlussstein, der den Bau zusammenhält:
o komm und errette den Menschen,
den du aus Erde gebildet!«
(vgl. Ps 2,6–8 / Jes 33,22 / Sach 9,9–10 / Apg 4,11)

Du König aller Völker

Vielleicht brauchen die Menschen keinen König,
sicher keinen Herrscher,
wohl aber einen, der die Welt zusammenhält
einen Retter aus allen Nöten.

Menschen brauchen einen,
der sich sorgt,
sich kümmert,
der einen Schutzmantel um sie legt.

Jesus Christus,
du bist König aller Völker,
liebe-voller Kümmerer.
Komm und rette
deine Königskinder.

Antiphon am 23. Dezember

»O Immanuel,
unser König und Lehrer,
du Hoffnung und Heiland der Völker:
o komm, eile und schaffe uns Hilfe,
du unser Herr und unser Gott!«
(vgl. Jes 7,14)

Du Immanuel

Menschen fühlen sich einsam,
hoffnungs-
und hilflos.
Wer geht mit ihnen?

Einen König und Lehrer
brauchen sie nicht,
aber einen Heiland
für Leib und Seele.

Jesus Christus,
du bist Immanuel,
Gott mit uns.
Komm und hilf uns,
Gott an unserer Seite.

O du

Du Weisheit,
erfülle die Suchenden.

Du Adonai,
lass dich finden.

Du Wurzel Jesse,
treibe neu.

Du Schlüssel Davids,
öffne für Ungedachtes.

Du Aufgang,
schenke Hoffnung.

Du König der Völker,
zeige dich als Friedenskönig.

Du Immanuel,
sei bei uns.

O du – weiblich

Du Weisheit,
weise die Suchenden.

Du Adonaia,
offenbare neue Namen.

Du Wurzel Jesse,
treibe neues Leben.

Du Schließ-Kraft,
öffne für Ungedachtes.

Du Morgenröte,
schenke Hoffnung.

Du Welten-Königin,
befähige und zeige Frieden.

Du Immanuela,
sei bei uns.

6 – Ich-bin-Worte Jesu

Ich bin

»Gott sprach zu Mose:
Ich bin, der ich bin.
Und er fuhr fort:
So sollst du zu den Israeliten sagen:
Der Ich-bin hat mich zu euch gesandt.«
(Ex 3,14)

Diesen Gottesnamen hast du gekannt und geliebt,
Jesus von Nazaret.

In der Spur dieses Namens hast du gesagt:
Ich bin das Brot des Lebens. *(Joh 6,35)*
Ich bin das Licht der Welt. *(Joh 8,12)*
Ich bin die Tür. *(Joh 10,7.9)*
Ich bin der gute Hirt. *(Joh 10,11.14)*
Ich bin die Auferstehung und das Leben. *(Joh 11,25)*
Ich bin der Weg und die Wahrheit und das Leben. *(Joh 14,6)*
Ich bin der wahre Weinstock. *(Joh 15,1)*

Alles das bist du
und noch viel mehr.

Danke, Jesus Christus,
dass du dich mit-teilst,
dass du dich zu erkennen gibst,
dass wir dich kennenlernen.

Ich bin die Quelle

»Wer von dem Wasser trinkt,
das ich geben werde,
wird niemals mehr Durst haben;
vielmehr wird das Wasser, das ich gebe,
zu einer Quelle werden,
deren Wasser ins ewige Leben fließt.«
(Joh 4,13)

Jesus könnte gesagt haben:
Ich bin die Quelle,
die lebendige Quelle,
die schenkende Quelle,
die sprudelnde Quelle,
die gebärende Quelle,
die nährende Quelle,
die mütterliche Quelle,
die stets sich erneuernde Quelle,
die Quelle des Lebens,
die Quelle allen Lebens.

Ich bin das Licht – Ihr seid das Licht

So viel Finsternis
verdunkelt unser Leben:
Kriege – auch ganz in unserer Nähe,
Lebensbedingungen, die Menschen zur Flucht zwingen,
Naturkatastrophen,
drohende Armut – auch in Deutschland;
nicht lange zurückliegend: die Corona-Pandemie.

Es ist dunkel –
auch in vieler Menschen Leben:
Tod,
Krankheit,
Arbeitslosigkeit,
Einsamkeit,
Ängste.

Es ist dunkel –
und die Sehnsucht nach Licht ist groß.

Und dann sagst du, Jesus:
»Ich bin das Licht der Welt.«
(Joh 8,12a)

Wie gut das tut.
Auch wenn nicht gleich alle Scheinwerfer
und Lampen brennen.

↘

»Wer mir nachfolgt,
wird nicht in der Finsternis umhergehen,
sondern wird das Licht des Lebens haben.«
(Joh 8,12b)

Was machen wir damit?
Zurücklehnen
und auf das Morgenlicht warten?

Jesus sagt auch:
»Ihr seid das Licht der Welt.«
(Mt 5,14)

Er sagt nicht:
Ihr sollt sein –
wenn ihr euch Mühe gebt,
wenn ihr auch anstrengt,
wenn ihr erleuchtet sprecht.

Jesus sagt:
»Ihr seid.«

Ich zünde kleine Lichter an.
Es wird heller um mich.

Licht und Leben

Jesus Christus,
du bist das Licht der Welt.
Erleuchte die Regierenden in den Kriegsgebieten,
erhelle überall das Dunkel.
(vgl. Joh 8,12a)

Du bist die Zuversicht.
Sei nahe allen, die verzweifeln und trauern,
segne alle Menschen in Angst.

Du bist das Leben.
Heile alle, die krank sind,
schenke Stärke allen, die kämpfen müssen.

Auferstehung

»Ich glaube an die Auferstehung der Toten
und das ewige Leben. Amen.«
(Glaubensbekenntnis)

Das sagt sich so leicht …

Wie geht Auferstehung?
Jesus Christus sagt:
»Ich bin die Auferstehung«.
(Joh 11,25a)

Wie gut tut dein Wort:
»Ich lebe und auch ihr werdet leben.«
(Joh 14,19b)

Auferstehung für alle –
zusammen mit dir, Christus …

»Ich glaube an die Auferstehung der Toten
und das ewige Leben. Amen.«
(Glaubensbekenntnis)

Vorsichtige Hoffnung.

Weg-Geleit

Der Lebens-Weg ist ganz schön anstrengend.
Immer wieder gibt es Steigungen.
Es gibt unübersichtliche Wegstrecken,
die mich herausfordern,
genau hinzuschauen,
wie und wo der Weg weitergeht.
Auf vielen Wegen gibt es Gefahrenstellen.
Es gibt Hindernisse,
die mich zu Fall bringen können.

Der Lebens-Weg fordert mich heraus.
Wie kann ich sicher gehen?

Jesus Christus, du hast gesagt:
»Ich bin der Weg.« *(Joh 14,6a)*

Du räumst die Steine nicht fort
und trägst die Berge nicht ab.
Du trägst mich auch nicht
den Berg hinunter oder hinauf.
Aber du bist tragender Grund,
die Basis, auf der ich gehen kann.

Und immer wieder
schickst du helfende Hände,
die mich stützen, halten und geleiten.

Und ab und zu
sendest du Sonnenstrahlen auf meinen Weg.

Ich bin die Wahrheit

Jesus sagt: »Ich bin der Weg
und die Wahrheit und das Leben.«
(Joh 14,6a)

Was ein Weg ist,
wissen wir.
Und was Leben ist,
spüren wir Tag für Tag.

Aber:
»Was ist Wahrheit?«
(Joh 18,38)
So fragte schon Pilatus.

Jesus bekundet:
»Ich bin dazu geboren
und dazu in die Welt gekommen,
dass ich für die Wahrheit Zeugnis ablege.
Jeder, der aus der Wahrheit ist,
hört auf meine Stimme.«
(Joh 18,37)

Wer sich an ihm orientiert,
seine Gebote
als Lebens-an-gebote versteht
und seiner Einladung folgt,
findet die Wahrheit
und kann die Wahrheit leben –
wahrhaftig leben.

Ich bin die Freiheit

Ich bin der Weg,
hat Jesus gesagt.
Ich bin die Wahrheit.
Ich bin das Leben.

Ich bin die Freiheit,
hat er nicht gesagt.
Er hat sie gelebt und bewiesen.

Er hat als Freier gelebt.
Christus –
frei von aller Angst
und frei für seinen Gott.

Er hat zur Freiheit ermutigt.
Christus –
er hieß: frei kommen
und frei gehen.

Er hat die Freiheit geschenkt.
Christus –
sein Wort und sein Tun
lassen reden und handeln.

Zur Freiheit geboren
von Christus.

Zur Freiheit befreit –
frei für ihn.

Ich bin die Hoffnung

»Ich bin die Hoffnung«
hast du nicht gesagt,
Jesus von Nazaret.
Deine Worte waren:
Ich bin
Weg, Wahrheit und Leben,
Brot, Weinstock, Tür und Licht.

»Ich bin die Hoffnung«
hast du nicht gesagt.
Du hast die Hoffnung gelebt,
dass Hunger gestillt wird,
wenn Menschen Brot teilen;
dass Wege gehbar sind,
wenn jemand mitgeht;
dass Frieden möglich wird,
wenn Menschen einander die Hände reichen.

Und du hast Hoffnung gestärkt,
wenn du Menschen angesehen hast,
wenn du mit ihnen gesprochen
und sie berührt hast.

Zeichen der Hoffnung –
in hoffnungs-armer Zeit empfangen,
stärken sie meine Hoffnung.
Beschenkt kann ich
schenken.

7 – Texte zum Neuen Testament

Sohn Jesus

»Jakob zeugte den Josef, den Mann Marias;
von ihr wurde Jesus geboren,
der der Christus genannt wird.«
(Mt 1,16)

Jesus,
wie ich
zur Welt gekommen
in einer Folge von Generationen,
geboren
in einer Familie,
beheimatet
bei Vater und Mutter,

ganz nah
bei mir,

Jesus genannt,
zum Christus geworden –
Menschensohn
und Gottessohn.

Und unser Bruder.

Das schenkende Kind

Ich stelle mir vor:

Das Kind in der Krippe
nimmt die Gaben entgegen,
Gold, Weihrauch und Myrrhe.
(vgl. Mt 2,11)

Ich stelle mir auch vor,
dass das beschenkte Kind schenkt:

die Krone des Stehens,
wenn ich schwach bin;

die Krone des Gehens,
wenn ich müde bin;

die Krone des Sehens,
wenn es dunkel ist um mich.

Binsenkorb und Eselsrücken

Der Plan des Pharaos,
alle männlichen Erstgeborenen töten zu lassen,
ging nicht auf.
Mose wurde gerettet.

Seine Mutter legte ihn in einen Korb aus Schilfrohr
und setzte ihn in das Schilf am Nilufer.
Die Tochter des Pharaos nahm das Kind zu sich,
besorgte ihm eine Amme – seine Mutter.
(vgl. Ex 2,1–10)

Und auch der Plan des Herodes,
die männlichen Kinder zu töten,
ging nicht auf.
Josef hörte die Weisung des Engels,
nahm das Kind und seine Mutter und floh.
Die Flucht nach Ägypten rettete Jesus.
Er durfte leben.
(vgl. Mt 2,13–14)

Mose und Jesus,
die geretteten Retter,
haben die Welt verändert.

Das Leben
war stärker
als die Mordpläne der Mächtigen.

Dein Wille geschehe

Das sagt sich so leicht
und lebt sich so schwer:
»Dein Wille geschehe.«
(Mt 6,10b)

Es ist nicht leicht.
Und ich kämpfe Tag für Tag
mit dem Willen, der nicht meiner ist.

Ich bitte darum,
dass ich die Kraft finde,
den Willen Gottes wahrzunehmen
und zu leben.

Nicht-nicht-würdig-Nenner

Ein Hauptmann aus Kafarnaum sagt:
»Herr, ich bin nicht würdig,
dass du unter mein Dach einkehrst;
aber sprich nur ein Wort,
dann wird mein Diener gesund.«
(Mt 8,8)

Und wir sagen:
»Herr, ich bin nicht würdig,
dass du eingehst unter mein Dach.
Aber sprich nur ein Wort,
so wird meine Seele gesund.«

Nicht würdig …

Ich kann
und will
das nicht mehr sagen,
schon gar nicht beten.
Ich will mir nicht an die Brust schlagen.

Du Nicht-nicht-würdig-Nenner
Jesus Christus,
Du richtest mich auf
und machst mich würdig.
Du willst bei mir wohnen.
Tritt ein
und ich bin heil.

Menschensohn

Wie beruhigend das ist:
Jesus Christus,
Menschensohn,
Mensch wie wir.

Du isst
und trinkst
und feierst. *(vgl. Mt 11,19)*

Menschensohn und Menschenbruder
an unserer Seite.

Bei uns
beim Essen
und Trinken
und Feiern.

Manchmal spüre ich dich neben mir.

Und dann höre ich die Vorwürfe gegen dich:
Fresser, Säufer, Freund der Bösen.

Das nimmt nicht meinen Schmerz,
wenn Vorwürfe mich treffen.
Aber ich kann sie – etwas – besser ertragen.

Danke,
Menschensohn
und Menschenbruder.

Bäckerin

Eine Frau
nimmt Sauerteig und Mehl
und knetet den Teig.
(vgl. Mt 13,33)

Ich bin sicher:
Sie weiß,
für wen sie das Brot
knetet
und backt.

Ebenso sicher bin ich:
Gott
ist wie diese Frau.
Sie knetet und backt
und hat mich dabei im Sinn,
meinen Hunger,
meine Lust auf gutes Brot,
meine Freude an einem gemeinsamen Mahl.

»Unser tägliches Brot gib uns heute.«

Meine geliebte Tochter

»Und eine Stimme aus dem Himmel sprach:
Du bist mein geliebter Sohn,
an dir habe ich Wohlgefallen gefunden.«
(Mk 1,11)

Nein,
eine Stimme aus dem Himmel
habe ich nicht gehört.
Aber in meinem Innern
nehme ich eine Stimme wahr,
die zu mir spricht:
»Du bist meine geliebte Tochter,
an dir habe ich Gefallen.«

Ich liebe dich.

Mutig antworte ich:
Ich dich auch.

In Gottes Namen

»Hanna pries Gott
und sprach über das Kind zu allen,
die auf die Erlösung Jerusalems warteten.«
(Lk 2,38)

Bisher nicht wahrgenommen:
Hanna redet.
Sie ist nicht
wortlose Prophetin,
sie spricht
und redet,
sie verkündet.

Menschen,
die auf die Erlösung Jerusalems warten,
gibt es auch heute.
Sprich neu,
Hanna.

Sprich
in Gottes Namen.

Heiland

Ich stelle mir den Blickwinkel der Frau vor,
die seit 18 Jahren krank war,
gekrümmt.

Sie kann nicht aufrecht stehen,
nur gekrümmt gehen.

Sie sieht nur nach unten,
den Boden,
den Schmutz,
kein menschliches Gesicht.

Sie sieht nicht den Himmel,
das Weite,
das Lachen der Menschen.

Jesus sah sie,
rief sie
und »legte ihr die Hände auf.
Im gleichen Augenblick richtete sie sich auf
und pries Gott.«
(Lk 13,13)

Jesus,
viele Menschen
sehen nur den Boden,
die Enge,
das Trost-lose.

Lege neu deine Hände auf
und befreie
aus jeder Krümmung –
leiblich,
seelisch,
spirituell.

Heile,
du Heiland
für Leib und Seele.

Gesucht und gefunden

Zahllose Predigten
habe ich gehört
über das verlorene Schaf
und den verlorenen Sohn,
über das wiedergefundene Schaf
und den wiedergekommenen Sohn.

Selten gab es eine Predigt
über die verlorene Drachme
und die suchende Frau.

Der verlorene Schatz
und die suchende Hausfrau
sind kein Thema.

Wie wunderbar ist es,
dass du, Gott, wie diese suchende Frau bist.
Jeder Schatz,
jeder Mensch
ist es wert,
dass du dich auf die Suche machst.

Auch ich
bin es wert,
dass du nach mir suchst.

»Wenn eine Frau zehn Drachmen hat
und eine davon verliert,
zündet sie dann nicht eine Lampe an,
fegt das Haus und sucht sorgfältig,
bis sie die Drachme findet?«
(Lk 15,8)

Gott,
du nimmst den Besen in die Hand,
du kehrst und räumst,
bis du den Schatz
gefunden hast.

Ich suche dich,
du findest mich.
Dank sci dir.

Aufrichter-Gott

Gott ist nicht Richter.
Gott ist Aufrichter.
(vgl. Lk 21,28)

Wenn ich gebeugt bin
und krumm,
ruft er mir zu:
Richte dich auf.

Wenn ich niedergedrückt bin,
zerschlagen und traurig,
ruft er mir zu:
Richte dich auf.

Wenn ich nicht mehr weiterweiß,
wenn ich hilflos bin,
ruft er mir zu:
Richte dich auf,
erhebe deinen Kopf,
steh aufrecht
und geh
mutig,
zuversichtlich,
ziel-gerichtet.

Und ich spüre deine Hand
in meinem Rücken.

Das erste Wort

»Im Anfang war das Wort,
und das Wort war bei Gott,
und das Wort war Gott.«
(Joh 1,1)

Als ich geboren wurde,
war das Erste
der Schrei,

dann die Bewegung,
dann ein Laut
und schließlich noch ein Wort.
Mama?
Papa?

Ein Wort ermöglicht Kontakt,
auch mit
Gott.

Am Anfang war das Wort
Gott?

Mit Haut und Haaren

»Im Anfang war das Wort,
und das Wort war bei Gott,
und das Wort war Gott.« *(Joh 1,1)*

Das Gott-Wort –
hoch oben,
tief unten,
weit entfernt,
unsichtbar,
unhörbar …

Und dann:
»Das Wort ist Fleisch geworden
und hat unter uns gewohnt.« *(Joh 1,14a)*

Das Gott-Wort ist Mensch geworden –
Mensch mit Haut und Haar,
mit Hand und Fuß,
Mensch wie ich,
mit Leib und Seele,
mit Herz und Kopf.

Gott –
nah bei mir,
mir zur Seite,
vor mir, hinter mir,
Mensch in der Zeit,
einst in Ewigkeit,
himmlischer Mensch.

Ich will wohnen

Menschen an vielen Orten der Welt
haben ihre Wohnungen verloren;
auch Menschen in Deutschland
sorgen sich um ihr Zuhause.

»Ich will in eurer Mitte wohnen«,
sagt Gott
(Lev 26,11)
und nimmt Wohnung
in einem Stall.

»Und das Wort ist Fleisch geworden
und hat unter uns gewohnt.«
(Joh 1,14)

Du bist da,
Jesus Christus,
im Stall und in den Trümmern,
in Zelten und auf nacktem Boden,
in Kälte und im Krieg,
in Angst und in Dunkelheit,
in Villen auch und in Palästen.

Mitbewohner in meiner Wohnung,
du kommst neu an Weihnachten.
Nimm den Schlüssel,
besuche mich
und wohne mit mir
an jedem Ort.

Mein Tänzer

Ob Jesus
getanzt hat?
Die Bibel berichtet es nicht.

Vielleicht hat Jesus bei Festen getanzt
wie bei der Hochzeit in Kana.
(vgl. Joh 2,1–11)

Ich glaube,
dass Jesus Christus
ein guter Tänzer ist
und dass er mir tanzend die Hand reicht
zu meinem Lebenstanz.

Mit ihm
wage ich Schritte
auf meinem Lebensweg –
mutige Schritte nach vorn
und auch zögerliche Schritte zurück,
die ich manchmal nicht freiwillig gehe.

Ich hoffe,
dass er mich hält
und führt –
dass er an meiner Seite ist.

Manchmal dreht er mich im Kreis
und die Welt wirbelt um mich,
dass mir schwindlig wird.

Im Laufe des Tanzes spüre ich,
wie wir eins werden
und im Gleichklang tanzen.

Der Tanz mit Christus
verändert mein Leben,
macht mich sicher
und frei.

Ich habe Angst

Jesus sagt
in der Stunde der Entscheidung
zu Beginn seiner Passion:

»Jetzt ist meine Seele erschüttert.
Was soll ich sagen:
Vater, rette mich aus dieser Stunde?«
(Joh 12,27)

Nach einer anderen Übersetzung sagt Jesus:
»Ich habe Angst.«

Du stellst dich an meine Seite,
wenn ich Angst habe.

Du hast Angst – wie ich.
Angst vor dem, was kommt.
Angst, wie es weitergeht.
Angst …

Ich hoffe auf Jesus,
der bei mir ist,
der mich versteht
und mir in meiner Angst sagt:
Fürchte dich nicht.
Wir schaffen das.

Der Kümmerer

Im Alter allein sein,
ohne einen geliebten Menschen zurückbleiben,
das fällt vielen schwer.

Jesus am Kreuz
sieht die Not seiner Mutter und seines Freundes
und kümmert sich.
(vgl. Joh 19,26–27)

Er bindet zwei Menschen,
verbindet weinende Herzen
und sorgt.

Jesus kümmert sich
auch heute,
verbindet
und bindet
Menschen mit Kümmernissen.

Rabbuni

Etwas gewagt ist es schon,
»mein Gott« zu sagen.
Trotzdem lädst du mich oft dazu ein.
Und Maria aus Magdala
ermuntert mich dazu.

Am Grab hört sie ihren Namen,
erkennt Jesus
und nennt ihn »Rabbuni« –
»mein Meister«.
(Joh 20,16)

Das ist mehr als »mein Gott«;
es zeigt Vertrautheit,
Freundschaft,
zärtliche Anrede:
nicht »Rabbi«, sondern »Rabbuni«,
»mein Meisterchen«.

Darf ich
das auch sagen?

Gott der Geduld und des Trostes

Paulus bittet den Gott der Geduld und des Trostes
um seine Gabe.
(vgl. Röm 15,5)
Ich schließe mich an.

Gott der Geduld,
ich brauche dich.
Komm,
wenn der PC wieder sooo langsam hochfährt;
wenn ich auf einen Anruf warte;
wenn der Zug wieder Verspätung hat;
wenn ich ungeduldig bin mit meinem eigenen Weg;
wenn Reformen in der Kirche viel zu langsam vorankommen;
wenn …

Manchmal aber
will ich keine Geduld mehr haben,
will nicht mehr warten.
Dann brauche ich dich,
Gott des Trostes.
Komm bitte
zügig,
lass nicht auf dich warten.

Er ist unser Friede

Krieg
in Afghanistan,
in der Ukraine,
in Gaza.

Menschen sterben,
verlieren ihre Heimat,
große Ängste breiten sich aus.

Friede
ist nicht *etwas,*
Friede
ist eine Person.

Jesus Christus »ist unser Friede«.
(Eph 2,14a)

Nein,
wir wälzen
die Verantwortung der Menschen nicht ab.

Im Gegenteil.
Weil er der Friede ist,
können wir in seiner Nachfolge
am Frieden bauen,
aller scheinbaren Aussichtslosigkeit
zum Trotz.

Leben aus der Tiefe

Licht und Leben
leuchten von oben.
Alles Gute kommt von oben?

Bomben fallen
von oben
auf Odessa, Gaza und Rafah.

Kein Osterlicht
leuchtet aus der Höhe.
Der Himmel scheint oft dunkel.

Jesus Christus ist
»hinabgestiegen in das Reich des Todes …
und aufgefahren in den Himmel«.
(vgl. Eph 4,9)

Sollte ich in meinem Alltagsdunkel
mutig
in die Tiefe schauen?

Vielleicht
wächst mir neues Leben
aus der Tiefe?

Ostern wendet den Blick.

Meine Stärke

Stärke
macht die Wäsche glatt.

Glatt
wird mein Leben nicht.

Dennoch brauche ich
Stärke.

Ich brauche dich,
meine Stärke.

Mach mich stark,
mein Leben
mit Falten und Unebenheiten zu leben.

»Alles vermag ich durch die,
die mich stärkt.«
(nach Phil 4,13)

Segen des Ursprungs

Jesus Christus »ist der Ursprung«.
(Kol 1,18b)

Er ist
der Anfang,
und jeder Anfang
ist gesegnet durch ihn.

Was ich auch beginne –
freiwillig
oder auferlegt,
im kleinen Alltag
oder im großen Leben –
der Segen des Ursprungs
liegt darauf.

Er stärkt mich,
er ermutigt mich,
er festigt meine Schritte
und beflügelt meine Gedanken.

Geist der Kraft

Es gibt Tage, da verfolgt mich die Furcht.
Anstehende Entscheidungen,
Situationen, Menschen
flößen mir Furcht ein.

Ich ziehe mich zurück,
lebe im Schneckenhaus und bin gelähmt.

Und dann höre ich das Wort:
»Gott hat uns nicht gegeben den Geist der Furcht,
sondern der Kraft und der Liebe und der Besonnenheit.«
(2 Tim 1,7)

Kraft statt Furcht:
Ich stehe auf, stehe aufrecht,
löse die verspannten Schultern,
ich atme ein und atme aus,
ich spüre den tragenden Boden,
den offenen Himmel,
nehme Energie in meinen Füßen wahr
und das Zupacken meiner Hände.

Ich danke dir,
du Gott der Kraft,
die mir hilft,
Furcht zu lassen
und kraftvoll zu leben.

Menschenfreundlicher Gott

Wir erleben
menschenverachtende Menschen,
Mächte
und Strukturen.
Was können
Menschen Menschen antun?!

Wie anders ist Gott.
Menschenfreundlich,
gütig,
Leben fördernd.
(vgl. Tit 3,4–5)

Rettender Gott,
ich lege dir alle Menschen ans Herz,
die leiden
unter sexuellem Missbrauch,
Machtmissbrauch
und Gewalt.

Zeige dein Erbarmen,
Gott,
und hilf,
gütig zu sein und menschenfreundlich –
damit Menschen
unversehrt leben können.
Nach deinem Plan und Willen.

Meine Sorgen wegwerfen

Manchmal
erdrücken sie mich,
die Sorgen.

Manchmal
rauben sie mir
den Schlaf.

Manchmal
lähmen sie
meine Entscheidungen.

Und dann höre ich:
»*Alle eure Sorge werft auf ihn*;
denn er sorgt für euch.«
(1 Petr 5,7)

Ich stehe auf,
stelle mich aufrecht auf die tragende Erde.
In Gedanken nehme ich meine Sorgen in die Hand.
Mit einer kräftigen Bewegung werfe ich sie fort.

Ich stelle mir vor,
wie meine Sorgen mich verlassen –
und ankommen bei Gott.

Er sorgt für mich.

Gott ist Liebe

»Gott ist Liebe
und alle, die in der Liebe bleiben,
bleiben in Gott
und Gott bleibt in ihnen.« *(1 Joh 4,16b)*

Wir erbitten den Segen dieses Gottes:

Vater-Mutter-Gott, du schöpferische Liebe,
segne uns
und schenke uns Anteil
an deiner Schöpfungskraft,
aus den Menschen Neues herauszulocken,
unbegangene Wege zu gehen,
Menschen ins Weite zu begleiten.

Jesus Christus, du Mensch gewordene Liebe,
segne uns
und schenke uns deinen wachen Blick,
Menschen wahrzunehmen,
Sehnsüchte zu spüren,
offen und einladend zu sein.

Heilige Geistkraft, du sendende Liebe,
segne uns
und schenke uns Anteil an deinem Mut,
Menschen zu rufen,
sie stark zu machen,
und sie zu senden, diakonisch zu leben.

Dreimal heilig

»Heilig, heilig, heilig
ist Gott,
der Herrscher über die ganze Schöpfung.«
(Offb 4,8b)

Wenn Gott heilig ist,
sogar dreimal heilig,
und wenn heilig vollkommen heißt,
nah bei Gott,
ist dann Gott nah bei sich?

Und wenn wir uns heilig glauben,
durch Taufe und Firmung gestärkt,
können wir das dann auch?
Nah bei uns sein,
ganz wir selbst sein,
verbunden mit Gott,
mit Gott heilig?

Wir sind auf dem Weg.

8 – Texte zur Liturgie

Wenn wir nach neuen Namen für Gott suchen, dann kann das auch Konsequenzen haben für das Sprechen von und zu Gott in der Liturgie.
Andere, neue Namen erweitern unsere Gottesanrede. Sie können unser Sprechen und Beten auch im Gottesdienst verändern.
Denn die Liturgie prägt in hohem Maße unser Bewusstsein.

Das Kreuzzeichen

Im Namen des Vaters
und des Sohnes
und des Heiligen Geistes.
Amen.

Ich bete:

Im Namen der Mutter
und der Quelle
und der Lebenskraft.
Amen.

Ich bete:

Im Namen der Weisheit
und der Liebe
und der Trösterin.
Amen.

Ich bete:

Im Namen des Lichtes
und der Liebe
und des Lebens.
Amen.

Begrüßung

Der Herr
sei
mit euch.

Und mit deinem Geiste.

Ich möchte gern hören:

Jesus Christus
ist
bei uns.

Er ist mitten unter uns.

Ehre sei dem Vater

Ehre sei dem Vater
und dem Sohn
und dem Heiligen Geist.
Wie im Anfang so auch jetzt und alle Zeit
und in Ewigkeit.
Amen.

Ich bete:

Ehre sei der Weltenschöpferin
und der Erlösungsliebe
und der Geistinweite.
Amen.
Immer schon, heute, alle Zeit und in Ewigkeit.

Ich bete:

Ehre sei dir, Schöpfungstkraft
und Liebe
und Heilige Ruach.
Damals, heute, morgen und immer.

Schuldbekenntnis

Ich bete:
Ich danke Gott, der Liebenden,
und allen Brüdern und Schwestern,
dass ich Gutes getan und Böses unterlassen habe.

Ich habe Großes gewirkt in Gedanken, Worten und Werken
durch deine Kraft, durch deine Kraft,
durch deine große Kraft.

Darum bitte ich die gütige Mutter Maria,
alle Engel und Heiligen
und euch, Brüder und Schwestern,
mit mir zu danken, Gott, der Liebenden.

Hoffnungs-Credo

Ich glaube an Gott,
schöpferische Kraft –
damals und heute.

Ich glaube an Jesus Christus,
erlösende Liebe –
einmal und jetzt.

Ich glaube an die Ruach,
bewegende Energie –
am Anfang und immer.

Ich hoffe auf Ecclesia,
wandlungsfähige Gemeinschaft,
arm und welt-weit,
macht-los und dienend.

Im zweiten Hochgebet

Ja, du bist heilig, großer Gott,
du bist der Quell aller Heiligkeit.

Ich möchte gern hören:

Ja, du bist die heilige Gottheit,
du bist die Quelle aller Heiligkeit.

Herr, ich bin nicht würdig

Herr, ich bin nicht würdig,
dass du eingehst unter mein Dach,
aber sprich nur ein Wort,
so wird meine Seele gesund.

Ich bete:

Jesus Christus, ich bin bedürftig.
Komm doch zu mir,
sprich dein heilendes Wort –
und ich lebe.

Segen

Es segne euch der allmächtige Gott,
der Vater und der Sohn und der Heilige Geist.
Amen.

Ich möchte gern hören:

Segne uns,
lebendige Gottheit,
Vater-Mutter-Gott,
Sohn, Heiland und Erlöser,
Heilige Geistkraft,
stärkend und sendend.
Amen.

9 - Epilog

Ich glaube an Gott

Ich glaube an Gott,
die A ndere,
die B ewegung,
die C ourage,
die D ienende,
die E nergie,
die F reundin,
die G rünkraft,
die H ilfe,
die I nspiration,
die J ugendlichkeit,
die K raft,
die L ebendigkeit,
die M utter,
die N ährende,
die O ffene,
die P erle,
die Q uelle,
die R uhe,
die S tärke,
die T reue,
die U msorgende,
die V orsehung,
die W eisheit,
die X -mal Verzeihende,
die Y sopblüte,
die Z ärtliche.

Heilig bist du

Heilig bist du, Wahrheit der Welt.
Heilig bist du, göttliche Weisheit.
Heilig bist du, zeitlose Ewigkeit.

Heilig bist du, Nahrung für mich.
Heilig bist du, sprudelnde Quelle.
Heilig bist du, stärkende Lebenskraft.

Heilig bist du, Hoffnung, die trägt.
Heilig bist du, ziehende Weite.
Heilig bist du, freudige Zuversicht.

Heilig bist du, schützende Burg.
Heilig bist du, du meine Hilfe.
Heilig bist du, liebende Gegenwart.

Heilig bist du, Wohnung für mich.
Heilig bist du, bergende Höhle.
Heilig bist du, liebende Helferin.

Register der biblischen Referenzstellen

NEUES TESTAMENT